Hanno Beck

DAS KLEINE
WIRTSCHAFTS-HEUREKA

HANNO BECK

DAS KLEINE WIRTSCHAFTS-HEUREKA

Ökonomische Geistesblitze für zwischendurch

Frankfurter Allgemeine Buch

Bibliografische Information der Deutschen Nationalbibliothek
Die Deutsche Nationalbibliothek verzeichnet diese Publikation
in der Deutschen Nationalbibliografie; detaillierte bibliografische
Daten sind im Internet über http://dnb.d-nb.de abrufbar.

Hanno Beck

Das kleine Wirtschafts-Heureka
Ökonomische Geistesblitze für zwischendurch

F.A.Z.-Institut für Management-,
Markt- und Medieninformationen GmbH
Frankfurt am Main 2009

ISBN 978-3-89981-189-6

Frankfurter Allgemeine Buch

Copyright	F.A.Z.-Institut für Management-,
	Markt- und Medieninformationen GmbH
	Mainzer Landstraße 199
	60326 Frankfurt am Main
Gestaltung/Satz	
Umschlag	F.A.Z., Verlagsgrafik
Titelbild	Jörg Mühle
Illustration Innen	Fotolia © Igor Zakowski
Satz Innen	Nicole Bergmann
Druck/Bindung	CPI Moravia Books, Pohorelice

Printed in EU

INHALT

Das muss ein merkwürdiger Anblick gewesen sein: Ein älterer Herr, grauer Bart, graue Haare, rennt wild gestikulierend und laut schreiend durch die Stadt – splitterfasernackt. Archimedes hieß dieser Mann, und der Legende zufolge stand er vor einer schier unlösbaren Aufgabe: Er sollte herausfinden, ob die Krone des Königs Hieron II. von Syrakus aus purem Gold war oder eine plumpe Fälschung – ohne die Krone dabei zu zerstören.

Archimedes war verzweifelt – es schien keine Lösung für sein Problem zu geben. Als er aber eines Tages ein Bad nahm und in die Wanne stieg, schwappte das Wasser über den Rand – und da kam ihm die Erleuchtung: Er musste einfach einen Goldbarren vom gleichen Gewicht wie die Krone in ein Wasserbad tauchen und die Menge Wasser messen, welche die Krone dabei verdrängte. Wenn die Krone aus purem Gold war, dann sollte sie die gleiche Menge Wasser verdrängen wie der Goldbarren.

Begeistert von dieser Idee sprang Archimedes aus der Wanne, lief freudestrahlend durch die Stadt und rief laut „Heureka" – was so viel heißt wie „ich habe es gefunden". Dass er dabei die schon damals herrschende Kleiderordnung vernachlässigte, ist eine nette Fußnote der Geschichte.

Heureka – der Schlachtruf aller Wissenschaftler, denen das Schicksal, die Intuition, die Lösung für ein langgehegtes Problem in den Schoß gelegt hat – ein Ausruf der Begeisterung darüber, dass man endlich die Antwort auf eine lange gewälzte Frage gefunden hat. Man muss nicht Wissenschaftler sein, um dieses Heureka-Gefühl zu genießen: Kleine Alltagsprobleme, merkwürdige Rätsel, die uns das Leben aufgibt, seltsame Meldungen in den Medien, die wir nicht verstehen – gelingt es uns, diese zu entschlüsseln und zu verstehen, stellt sich ein angenehmes Gefühl der Befriedigung ein, Heureka eben. Warum sollten wir uns dieses Gefühl nicht öfter gönnen?

Das ist die Idee dieses Buches: Es soll seinen Lesern in vielen kleinen Episoden eben jenes Heureka-Gefühl bescheren – und das mit Hilfe und besonderem Blick auf die Ideen der Ökonomie. Für die meisten Menschen ist Wirtschaft ein Buch mit sechseinhalb Siegeln, eine provokante Veranstaltung, deren Aussagen sich so rasch und so häufig mit dem beißen, was wir zu glauben wissen, was wir fühlen oder was die Politik uns erzählt.

Aber kann es wirklich sein, dass eine ganze Wissenschaft in einem so eklatanten Widerspruch steht zu dem, was Nicht-Wissenschaftler als richtig erachten? Gibt es eine Parallelwelt der Ökonomen zur Welt der Nicht-Ökonomen? Irgendetwas kann da doch nicht stimmen. Was wäre also schöner, als diese gefühlte Kluft zwischen den Erkenntnissen kluger Professoren und den Gefühlen eines

Durchschnittsbürgers zu überbrücken und „Heureka" zu rufen?

Nun können wir nur wenige Fragen, die uns beschäftigen, lösen, indem wir ein Bad nehmen, mal ganz abgesehen davon, dass auch heute unbekleidete Menschen in der Öffentlichkeit auf Vorbehalte stoßen. Aber die Idee mit der Badewanne ist richtig: Oftmals finden wir Antworten auf spannende Fragen, indem wir in Bildern denken, Vergleiche anstellen oder Parallelen ziehen. In dem Moment, in dem Archimedes in sein Badewasser sank, schwappte das Wasser über den Badewannenrand, und Archimedes erkannte die Lösung seines Problems. Er hatte sich selbst als bildliche Lösung für sein Problem Modell gestanden und das überschwappende Badewasser in den richtigen Zusammenhang mit der goldenen Krone gebracht.

Wenn wir also verstehen wollen, wie etwas funktioniert, machen wir uns ein Bild – wir vergleichen die lahmende Wirtschaft mit einem stotternden Automotor und verstehen, was ein Konjunkturprogramm kann oder nicht, wir entdecken die Ähnlichkeit zwischen der Geldmenge und dem Wasser in unserer Badewanne und verstehen, wie Inflation entsteht. Wir übertragen unser Wissen aus uns bekannten Bereichen auf neue, bisher unerschlossene Wissenskontinente und erkennen Ähnlichkeiten und Parallelen. Mit Hilfe solcher einfachen Bilder und Vergleiche lässt sich die scheinbar komplexe Welt der Wirtschaft besser verstehen, und unser persönliches, kleines Heureka-Gefühl stellt sich ein. Also werden wir in den vielen Episoden die Kraft der Bilder und Vergleiche nutzen und auf das ein oder andere Heureka hoffen.

Aber nicht nur die Badewanne des Archimedes ist eine wundervolle Inspiration für die Art und Weise, wie wir über Wirtschaft nachdenken. Archimedes war auch in anderer Hinsicht ein genialer Denker, von dem wir lernen können. Eine weitere seiner Entdeckungen ist der sogenannte archimedische Punkt. Der archimedische Punkt ist ein Punkt außerhalb eines Versuchsaufbaus, der unveränderbar ist und daher fest verankert als Hebelpunkt dienen kann. Hat man einen festen Stand – den archimedischen Punkt –, so kann man mit Hilfe eines Hebels Massen bewegen, die so schwer sind, dass man sie ohne Hebel nie hätte bewegen können. So versteht sich auch die Aussage von Archimedes, er alleine könne die Erde anheben, wenn er nur einen festen Punkt und einen ausreichend langen Hebel hätte. Wer hätte nicht gerne solch einen mächtigen Hebel?

Ökonomen haben – im übertragenen Sinne – einen archimedischen Punkt, einen Hebel, mit dessen Hilfe sie schwere Probleme aus dem Weg räumen: Es sind die Anreize. Wann immer man als Ökonom vor einem Rätsel steht, fragt man zuerst nach den herrschenden Anreizen, und sofort versteht man, was da gerade passiert oder was man zu tun hat. Wer nach den Anreizen fragt, kann ganze Romane erklären, ohne alle relevanten Details zu kennen – das werden viele der Geschichten in diesem Buch demonstrieren.

Aber nicht nur das: Wer nach den Anreizen fragt, erkennt
schnell, wann und warum Dinge schieflaufen – nämlich
dann, wenn die Anreize falsch gesetzt werden. Wer den
Taxifahrer nach Kilometern bezahlt, braucht sich keine
Gedanken über die Länge seiner Reise zu machen, und wer
ihm ein Fixum bezahlt, sollte sich anschnallen und ein
Gebet murmeln.

In vielen unserer kleinen Heureka-Episoden werden Anreize eine zentrale Rolle spielen, sie werden uns bei der Ent-
schlüsselung vieler Rätsel helfen und werden uns verraten,
was passiert, wenn wir die Anreize vergessen – dann wird
der Formel-1-Rennzirkus zu einem müden Ponyhof ohne
Neuerungen, dann fliegen dem Chef die Spesenabrechnun-
gen um die Ohren.

Ökonomie hat viel mehr zu bieten als Modelle, Fachvokabeln und Formeln, und diesen unglaublichen großen
Fundus an Ideen und Geistesblitzen wollen wir uns auf
den kommenden Seiten erschließen: Warum muss die
Zahl der Milliardäre zwangsläufig steigen? Wieso ist eine
Brieftasche eine geniale Idee, birgt aber Risiken? Was ist
das Problem an Mittagsbuffets und was hat das mit Versicherungen zu tun? Solche Fragen lassen sich mit einem
kleinen Griff in den ökonomischen Werkzeugkasten
beantworten – wenig Ökonomie, viel Heureka. Aber
auch althergebrachte Denkgewohnheiten lassen sich mit
ein bisschen Ökonomie zurechtrücken, so beispielsweise
die Idee der demografischen Zeitbombe oder die schöne

Geschichte von dem Schmetterlingsflügel, der einen Orkan auslöst.

Dabei wollen wir die Kraft des Heureka in fünf verschiedenen Themenbereichen nutzen: Zunächst werden wir fragen, was uns die Ökonomie über den täglichen Wahnsinn, unseren Alltag, erzählen kann. Danach wollen wir überlegen, was der von den Ökonomen so heiß geliebte Wettbewerb alles zu leisten vermag – im Sport, auf dem Laufsteg der Supermodels, in der Disco oder beim Grand Prix. Daraufhin werden wir versuchen, uns die so seltsame Welt des Geldes, der Zinsen und der Konjunktur auf archimedischem Weg zu erschließen – mit der Kraft einfacher Bilder. Im Anschluss daran werden wir mit einfachem Nachdenken einige mittlerweile sprichwörtliche Phrasen wie die demografische Zeitbombe entschärfen. Den Abschluss bildet ein Ausflug in die große Politik, der uns hoffentlich ein paar Ideen über Reichtum, Armut, Verantwortung, Plattenspieler und Staubsauger beschert.

Ob Mindestlöhne und Falschparken, ob Konjunkturpolitik und der Grand Prix – jeder Tag, jede Beobachtung bringt dem wachen, aufmerksamen Geist neue Fragen, die es zu beantworten gilt. Letztlich lassen sich all diese Fragen mit Hilfe des allermächtigsten Prinzips lösen, das uns nicht Ökonomen, sondern der Herrgott an die Hand gegeben und das auch Archimedes virtuos genutzt hat. Es ist so einfach und doch manchmal so schwer anzuwenden, weil Interessengruppen, Politiker jeglicher Couleur und politische Sektierer uns derart mit Emotionen und Ideologien zugemüllt haben, dass wir uns kaum noch trauen, es anzuwenden, obwohl es jedem von uns in die Wiege gegeben ist: gesunder Menschenverstand.

Lassen Sie uns also, gewappnet mit gesundem Menschenverstand und den einfachen Ideen der ökonomischen Zunft, etwas tun gegen verwirrende Politikersprache, lästige Alltagsprobleme und unverständliche Experten – lassen Sie uns laut Heureka rufen.

DER KLEINE ALLTAG

Wissen Sie eigentlich, woher der Begriff „Ökonomie" kommt? Aus dem Griechischen, er bedeutet so viel wie „die Lehre vom Haushalt". Ökonomie sollte also ursprünglich erklären, wie man seine eigenen Siebensachen so gescheit wie möglich auf die Reihe bringt. Nun gut, das ist bei weitem nicht so aufregend wie die große Politik, die tollen Fachvokabeln und die staatsmännischen Themen, die ihren Betreuer so wichtig machen – aber spannend ist das allemal.

Ökonomische Ideen sind auch gerade dafür da, die alltäglichen kleinen Blessuren und Problemchen zu behandeln: Soll ich Lotto spielen? Lohnt es sich, im Halteverbot zu parken? Wie lange soll ich auf den Bus warten?

Bevor wir uns also in die schillernde, weite Welt der großen Wirtschaft und Politik wagen, wollen wir zunächst einen Blick darauf werfen, wie Ökonomie unseren Alltag aufräumt – „Nutzwert" nennt man so etwas im Fachjargon.

Wer ab und zu eine Universität aufsucht, um dort Vorträge zu hören oder zu halten, steht dabei jedes Mal vor dem gleichen Problem, wenn er am Bahnhof aussteigt: Wo muss ich hin?

Die typisch männliche Vorgehensweise besteht in der Regel darin, blindlings loszurennen – Männer sind zu stolz, um Stadtpläne oder Bedienungsanleitungen zu lesen. Und erst recht fragen echte Kerle nicht nach dem Weg, oder? Sonderlich erfolgreich ist diese Strategie nicht, aber man kann sie verbessern: Sieht man am Bahnhof einen Pulk junger Menschen mit Base-Cap, MP-3-Player und großen Taschen, die alle in die gleiche Richtung streben, so ist es gar keine so schlechte Idee, diesem Pulk zu folgen. Warum ist klar: Vermutlich ist das junge Volk ein studentisches, das mit großem Engagement zielstrebig den Campus aufsucht, um dort vom Nektar der Wissenschaft zu naschen.

Auch auf Tagungen und Kongressen funktioniert es recht gut, einfach der Horde schwarz befrackter Brillenträger – im Fachjargon Pinguine genannt – hinterherzulaufen; in der Regel führen sie den kartenlesefaulen Kongressbesucher direkt in den Vortragssaal.

Diese Strategie kann man „die Weisheit der Massen" nennen, sie wird auch in einschlägigen Büchern gebührend gefeiert: Achte darauf, was die Mehrheit tut – warum soll-

te sich die Mehrheit der Menschen irren? Ein anderes Beispiel für diese Strategie ist es, sich bei der Wahl eines
Geschäftes, eines Films oder eines Restaurants daran zu
orientieren, was die Mehrheit tut – das volle Geschäft ist
sicher das beste, der Besucherrekord des Films kommt doch
nicht von ungefähr, und das In-Restaurant ist es wohl auch
zu Recht. In der Tat steckt in dem, was die Mehrheit der
Menschen tut, eine wichtige Information, aber nicht immer
muss diese Information auch richtig sein.

Mit der Uni-Strategie beispielsweise fällt man rasch auf die
Nase, wenn es neben der Uni auch noch eine Fachhochschule in der betreffenden Stadt gibt – da läuft man unter
Umständen den falschen Studenten hinterher und landet
statt an der Uni an der Fachhochschule. Und ganz fehl
schlägt diese Strategie am Abend: Die Chancen, dass die
jugendlichen Base-Cap-Träger einen statt an die Universität in den nächsten Hardcore-Techno-Laden lotsen, sind
extrem hoch. Und auch die Schwarzfrack-Träger, denen
man folgt, können fehlgeleitet werden: Sie laufen einem
anderen Kongressteilnehmer hinterher, der selbst auf der
Suche ist – da folgt eine Horde orientierungsloser Lem-
minge einem desorientierten Artgenossen.

Das ist das Gefährliche an solchen Massenveranstaltungen:
Hat sich der Zug erst einmal in Bewegung gesetzt und eine
kritische Masse erreicht, dann folgen ihm alle, weil sie
glauben, dass die Mehrheit es besser weiß, auch wenn der
Zug in die falsche Richtung fährt.

Ein klassisches Beispiel dafür sind Börsenhysterien: Ein paar Anleger steigen ein und verdienen viel Geld, andere folgen, denen wiederum andere folgen, die auch Geld verdienen und weitere Anleger anziehen, und auf einmal marschieren Millionen Anleger in die falsche Richtung. Wenn die anderen investieren, dann wissen die vielleicht etwas, was man selbst nicht weiß – soll man da nicht einsteigen? Wenn die Kurse fallen, funktioniert das genauso gut – das ist so, als ob jemand in einem vollbesetzten Theater „Feuer" schreit – da ist man schneller geflüchtet, als man nachgedacht hat. Der Fachausdruck für solche Hysterien: Herdenverhalten – das klingt schon weniger positiv als „Weisheit der Massen", oder?

Damit ist klar, dass die Weisheit der Massen nicht immer eine solche sein muss. Manchmal kann sie sogar schädlich werden, nämlich bei Bankenpaniken, wenn alle Anleger auf einmal ihr Geld von der Bank abziehen, weil sie befürchten, dass dieser das Geld ausgeht. Das Schlimme daran: Der Bank geht nur das Geld aus, weil alle Anleger glauben, dass ihr das Geld ausgeht.

Es gibt noch andere Gelegenheiten, in denen man besser nicht auf die Weisheit der Massen hört: So ist es zu unchristlichen Zeiten viel angenehmer, weil leerer im Schwimmbad, Winterklamotten kauft man am günstigsten im Sommer und in den Urlaub fährt man am besten dann, wenn die Masse zu Hause ist. Antizyklisch nennt sich diese Strategie, die an vielen Stellen das Leben erleichtern kann.

Die Bewegung der Masse ist nämlich oft nicht von Weisheit, sondern von anderen Zwängen oder Gewohnheiten
getragen, und wer sich diesen Zwängen entziehen kann, tut
gut daran, dies auch zu tun.

Es gibt sicherlich eine Weisheit der Massen, und man sollte darauf achten, was die Mehrheit tut, aber am weisesten
lebt, wer seiner eigenen Weisheit vertraut.

Alle paar Monate ist es wieder so weit: Der Jackpot ist auf ein paar fette Millionen angeschwollen, und schon stürmen Lehrer, Anwälte, Zahnärzte, Bauarbeiter, Studenten und Hausfrauen die Annahmestellen, um sich mit ein paar Kreuzchen aller weltlichen Sorgen für immer zu entledigen. Da die Einstellung der meisten Menschen zum Geld die einer begehrlichen Verachtung ist, kann man leicht nachvollziehen, dass eine Nation vom Lottofieber gepackt wird – man wird ja wohl noch einen Moment von besseren Zeiten träumen dürfen, oder?

Ein paar Berufspessimisten machen diesen Zinnober aber nicht mit, sie zücken den Taschenrechner und verweisen auf die Chance von 1 zu soundsovielen Millionen, die man beim Lotto auf sechs Richtige hat: Diese habe sich ja schließlich nicht durch den hohen Jackpot verändert und sei nach wie vor absurd gering.

Das stimmt, und dennoch ist der jackpotbedingte Ansturm auf die Lottoannahmestellen ökonomisch betrachtet rational. Um sich das zu vergegenwärtigen, muss man daran denken, dass der potentielle Gewinn aus einer Lotterie sich aus zwei Komponenten speist: Aus der Wahrscheinlichkeit, zu gewinnen, und aus der Höhe des potentiellen Gewinns. Dabei gilt ein einfacher Zusammenhang: Je geringer die Gewinnwahrscheinlichkeit ist, umso höher muss der in

Aussicht gestellte Gewinn sein, um die Lotterie attraktiv
zu machen. Diejenigen, die bisher nicht zur Annahmestelle gerannt sind, verraten durch ihr Verhalten, dass ihnen
das Verhältnis von Gewinn und Gewinnchance bisher nicht
ausgewogen genug war, dass jetzt aber der satte Jackpot in
ihren Augen eine angemessene Entschädigung für ihr Tipp-
Geld erscheint. Jede Wette: Würde der Hauptgewinn auf
ein paar Milliarden steigen, dann würden sogar die größten
Lottomuffel hinter ihren Statistikbüchern hervorkriechen
und demütig zur Annahmestelle pilgern – nicht ohne sich
kurz die Berge von Statistikbüchern vorgestellt zu haben,
die sie mit all dem Geld kaufen könnten.

Diese einfache Idee, dass eine Chance aus zwei Komponenten besteht – der Wahrscheinlichkeit, die sechs Richtigen
zu treffen, und dem Gewinn für den Fall, dass man sie trifft
– leuchtet im Lottofall sofort ein, aber bisweilen haben
Menschen zu dieser Idee ein gestörtes Verhältnis, wenn es
um Risiken geht. Da werden Sicherheitsmaßnahmen – eine
Versicherung, ein Sitzgurt, ein Plan B – vernachlässigt, da
ja die Wahrscheinlichkeit, dass etwas passiere, so gering sei.

Mit Blick auf unser Lotto-Beispiel merken wir sofort,
dass das nur die halbe Wahrheit ist: Die Wahrscheinlichkeit, einen Unfall zu erleiden, mag gering sein, wie hoch
aber ist der Schaden, wenn es trotzdem passiert? Ist der
potentielle Schaden sehr groß, lohnt sich die Versicherung trotz der geringen Wahrscheinlichkeit des Unfalls.
Genau das ist auch der Grund, warum wir Atomkraft-

werke so sicher machen, dass auch ein Flugzeug drauf-
stürzen könnte, obwohl ein solches Szenario recht
unwahrscheinlich ist.

Bleibt mit Blick auf unser Lotto nur noch die Frage nach
den richtigen Zahlen. Darauf wenigstens haben die stati-
stikbuchversessenen Nicht-Lottospieler eine einfache Antwort: Es ist egal, welche Zahlen wir ankreuzen. Die Kombination 1, 2, 3, 4, 5, 6 hat genau die gleiche Wahrscheinlichkeit, gezogen zu werden, wie die Kombination 4, 6, 7,
15, 26, 30 – auch wenn unser an Muster gewöhntes Hirn
das nicht akzeptieren will. Die Zahlenkombination hat nur
in unseren Augen eine besondere Bedeutung, dem Zie-
hungsgerät ist völlig egal, was auf den Kugeln steht. Ebenso groß ist auch die Wahrscheinlichkeit, dass die Zahlen
von der vergangenen Woche noch einmal gezogen werden,
auch wenn das noch unglaubwürdiger klingt.

Der Grund dafür ist einfach: Die Lottokugeln haben kein
Gedächtnis, sie können und wollen sich partout nicht daran
erinnern, wer von ihnen in der vergangenen Woche von der
Lottofee vorgestellt wurde, und es ist ihnen auch egal. Sie
fallen einfach, den Gesetzen des Zufalls gehorchend, so vor
sich hin und denken sich nichts dabei.

Welche Strategie auch immer von Freunden, Wahrsagern
oder Lottogurus als narrensicher gepriesen wird – dem
Zufall ist es schlichtweg egal, und der einzige Gewinner
solcher Strategien ist derjenige, der sie an andere verkauft,

anstatt selbst mal rasch ein paar Millionen mit seinem nar-
rensicheren Spielsystem einzusäckeln.

Das ist also alles, was Ökonomen zum Thema Lottogewinn
zu bieten haben? Nicht ganz, es gibt noch einen kleinen
Ratschlag, welche Zahlen man besser meiden sollte, wenn
man einen hohen Gewinn einfahren will: Die Zahlen unter
31 sind weniger attraktiv. Der Grund dafür ist weniger statistischer als eher kalendarischer Natur: Viele Lottospieler
kreuzen als bevorzugte Zahlen gerne ihre Geburtstage
sowie die Jubeltage ihrer Liebsten an – achten Sie einmal
auf obiges Beispiel. Was dann folgt, ist klar: Fallen Kugeln
mit Kalenderzahlen – also Zahlen unter der 31 – dann muss
der Jackpot auf zu viele geburtstagsfeiernde Köpfe verteilt
werden, die alle ihren Tipp nach dem Kalender gemacht
haben. Für den Einzelnen bleibt da nicht mehr viel über.
Stellen Sie sich ein Lottospiel mit nur zwei Zahlen vor in
einem Land, in dem 99 Prozent der Bevölkerung am 1.
geboren wurde, aber nur ein Prozent am 2. – welche Zahl
würden Sie tippen, um ihren Gewinn zu maximieren?

Was immer Sie auch am nächsten Wochenende tippen, Sie
können sich damit trösten, dass Sie auf jeden Fall zumindest eines für Ihr Geld erhalten: Ein paar Stunden der Illu-
sion und Träumerei. Bis zum nächsten Jackpot.

Wie nützlich ist doch eine Brieftasche: Man verstaut in ihr nicht nur das Geld, sondern auch die Kreditkarte, den Personalausweis, den Führerschein, die Kundenkarten, Telefonnummern, Schlüssel, das Bild von der Frau, das Foto von der Freundin und viele von diesen gelben kleinen Zetteln, auf denen so wichtige Dinge wie Geheimnummern oder Geburtstage stehen. So praktisch das klingt, so gefährlich ist das, wie jeder weiß, der einmal seine Brieftasche verloren hat. Dann ist nicht nur das Geld weg, sondern auch der Führerschein, die Geheimnummern, Frau, Freundin und alles, was wichtig ist. Nun kann man zwar behaupten, dass man seiner Brieftasche genau deswegen eine besondere Aufmerksamkeit angedeihen lässt, doch das kann eine solche Katastrophe nicht immer verhindern.

Nun gibt es eine einfache Strategie, dieses Risiko zu reduzieren: Man trennt seine Besitztümer, statt sie alle in der Brieftasche zu konzentrieren. Das Geld bleibt in der Börse, die Kreditkarte geht in die Hosentasche, das Bild der Frau auf den Schreibtisch, das der Freundin ins Jackett, und die kleinen Zettel verteilen wir gleichmäßig auf Hemd-, Hosen- und Jackentaschen.

Mit dieser Strategie reduziert man die Kosten eines Verlustes der Brieftasche deutlich, allerdings hat sie einen Nachteil: Braucht man seine Kreditkarte, so muss man nach ihr

suchen und hoffen, dass sie nicht in der falschen Hose
steckt; und den Zettel mit der Geheimnummer hat man
dann hoffentlich nicht in dem Hemd, das gerade auf dem
Weg zur Wäscherei ist. Das sind zwar kleinere Unannehm-
lichkeiten, doch dafür reduziert sich das Risiko eines Total-
verlustes, wenn die Brieftasche Dauerurlaub nimmt oder
das Herrchen wechselt.

In der Sprache der Ökonomen ist die Brieftasche ein sogenanntes Klumpenrisiko: Man legt alle Eier in einen Korb
und hofft, dass der Korb nicht herunterfällt. Dieses Klumpenrisiko lässt sich reduzieren, indem man die Eier auf
mehrere Körbe verteilt – man muss nun zwar mehr schlep-
pen, geht aber ein Korb zu Bruch, steht man nicht völlig
ohne Geflügelprodukte da. Im täglichen Leben gibt es eine
Fülle von Beispielen, die zeigen, wie diese Strategien funktionieren: Wer zum Beispiel all sein Geld in eine Anlage-
form – ein Haus, eine Aktie, eine Anleihe – steckt, hat ein
Klumpenrisiko. Passiert etwas mit dem Haus, der Aktie,
der Anleihe, so ist er all sein Geld los. Glaubt man allerdings, dass dieser Vermögensgegenstand sich besonders gut
entwickeln wird, so wird man für dieses Risiko auch mit
einem entsprechend hohen Ertrag belohnt.

Wer hingegen sein Geld gleichmäßig auf verschiedene Ver-
mögensformen verteilt – Diversifikation nennt das der Fachmund –, muss zwar mit weniger Rendite rechnen, wird aber
vom Ausfall eines Vermögenswertes nicht so sehr erschüttert.
Das ist der Vorteil der Diversifikation. Die Diversifikation,

28 also der Schutz vor dem Totalverlust, kostet uns folglich immer auch ein wenig Chance auf größere Gewinne.

Ein anderes Beispiel für diese Brieftaschen-Ökonomie findet sich bei Unternehmen, die sich auf ihre Kernkompetenzen fokussieren, wie es im Imponierdeutsch heißt: Sie stellen nur ein Produkt her oder bieten nur eine Dienstleistung an. Die Alternative hierzu ist der sogenannte diversifizierte Mischkonzern, der von allem etwas macht. Die Vor- und Nachteile liegen auf der Hand: Der Kernkompetenzler verheddert sich nicht auf Kriegsschauplätzen, von denen er nichts versteht, der Diversifizierer entgeht dem Risiko, in die Pleite zu schliddern, wenn ein Produkt aus seiner Produktpalette bei den Kunden floppt.

Welche von beiden Strategien die richtige ist, lässt sich nicht sagen – da kommt es auf Temperament, Risikobereitschaft und sonstige Begleitumstände an. In der Wirtschaft jedenfalls scheint es so etwas wie Modewellen zu geben: Da werden Mischkonzerne verschlankt und kernkompetenziert, und einige Jahre später kauft man wieder Randgeschäft dazu, um den Ertrag in schwierigen Zeiten zu stabilisieren.

Vermutlich ist es auch der Erfahrungshorizont einzelner Manager, der solche Entscheidungen steuert: Wer einmal seine Brieftasche verloren hat, wird den Zettel mit der Geheimnummer in Zukunft lieber in die Hosentasche stecken.

Mittagsbüffets sind etwas Großartiges: Einmal zahlen und
sich gepflegt die Cholesterinwerte verderben. Als Gourmet
weiß man solche Büffets zu schätzen, bei Ökonomen hingegen hinterlassen sie Zweifel: Theoretisch betrachtet dürfte es gar keine Büffets geben, und der Grund dafür ist ein
ökonomischer.

Adverse Selektion nennen Ökonomen dieses Phänomen,
das in etwa wie folgt funktioniert: Nehmen wir an, es gibt
zwei Gäste im Restaurant – einen Kalorienjunkie und
einen Hungerkünstler. Der Wirt weiß allerdings nicht,
welchen Kandidaten er vor sich hat, denn man sieht es
ihnen von außen nicht an – denken Sie an den Weltrekord-
halter im Hot-Dog-Schnellessen, der ist ein Hemd, isst
aber mehr als 60 Hot Dogs in zwölf Minuten.

Hat unser Wirt nun zwei Hungerkünstler als Gäste, so ist
das gut für sein Büffet, haben zwei Kampfesser seinen kuli-
narischen Tempel betreten, droht der Büffet- und Finanz-
Gau. Wie setzt unser armer Wirt nun den Preis für sein
Büffet? Da er zu wenig über seine Gäste weiß, wird er den
goldenen Mittelweg wählen: Er wird den Preis für das Büffet so ansetzen, dass er im Schnitt einen Gewinn macht –
essen die Kalorienjunkies beispielsweise für 40 Euro, die
Magerlinge für 20 Euro, so wird er den Preis des Büffets
mit 30 Euro ansetzen. Das sollte im Schnitt seine Kosten

decken; unterstellt, dass sich Hungerlinge und Kalorienrambos als Besucher die Waage halten.

Diese Überlegung ist so einleuchtend, dass auch die Wenigesser sie anstellen werden: Sie wissen, dass der Preis für das Büffet nicht nur ihre Essgewohnheiten berücksichtigen muss, sondern auch den Appetit der kaufreudigeren Gäste. Wird ihnen dieser Gedanke klar, so werden sie das Büffet meiden, da sie wissen, dass der Preis des Büffets höher sein muss als das, was sie als Wenigesser vertilgen können. Sie scheiden damit als Kunden aus, weil sie nur unterdurchschnittlich viel essen. Das führt dazu, dass unser Gastronom den Preis für das Büffet hochsetzen muss, da ja nun die Wenigesser wegbleiben und nur Vielesser übrig bleiben. Setzt er aber den Preis herauf, so wird das Büffet nun auch für jene Esser unattraktiv, die ein wenig mehr essen, aber keine Kalorienkampfmaschinen sind. Diese bleiben nun auch dem Büffet fern, was den Preis weiter in die Höhe schraubt.

Sie merken, wo das hinführt: Am Ende dieser Preiserhöhungsspirale bleibt ein sündhaft teures Büffet, das nur von Menschen genutzt wird, die auch dann weiteressen, wenn sie das erleiden, was man vornehm die römische Krankheit nennt.

Rein theoretisch lässt dieses Phänomen der adversen Selektion nicht zu, dass Buffets entstehen, bei denen man essen kann, so viel man darf. Dass es solche Büffets dennoch gibt, dürfte mehrere Gründe haben: Entweder viele Kunden schätzen den Nutzen, den sie aus dem Büffet ziehen, falsch ein und zahlen deswegen zu viel, oder sie wählen das Büffet als bequemsten Weg, ihr Mittagessen möglichst vielfältig zu gestalten, oder aber sie machen sich schlichtweg keine Gedanken darüber, dass sie mit ihrem Geld die Kalorienorgien anderer Büffetgäste subventionieren.

Diesen Prozess der adversen Selektion gibt es auch bei Versicherungen. Nehmen Sie beispielsweise eine Kfz-Versicherung: Der Versicherer muss den Tarif so ansetzen, dass er im Schnitt die Kosten deckt, die durch gute und durch schlechte Fahrer entstehen. Das aber bedeutet, dass der Tarif für gute Fahrer zu teuer und für lausige Fahrer zu billig ist. Die Folge: Gute Fahrer bleiben der Versicherung fern und sparen lieber für einen möglichen Schadensfall, schlechte Fahrer schließen sie zu gerne ab. Das macht der Versicherung zu schaffen, da nun zu viele schlechte Fahrer Kunden sind, weswegen sie den Tarif erhöhen muss – mit der Folge, dass jetzt die mäßig schlechten Fahrer abspringen und nur noch schlechtere Fahrer übrig bleiben. Und am Ende hat man eine Versicherung, die nicht mehr funktionieren kann – ähnlich wie beim Mittagsbüffet.

Das ist kein triviales Problem – wie kann man es lösen? Eine Möglichkeit besteht darin, die Leute in eine Versicherung zu zwingen, man bietet also nur das Büffet an. Genau das tut man beispielsweise in der gesetzlichen Krankenversicherung, dort zwingt man alle Bürger, sich zu versichern

– allerdings hat das auch andere Gründe als die adverse Selektion. Eine andere Möglichkeit besteht darin, mehr über den Charakter der Versicherten zu erfahren, beispielsweise indem man verschiedene Formen der Selbstbeteiligung anbietet. Vorsichtige Fahrer werden eine Selbstbeteiligung akzeptieren – sie rechnen nicht damit, dass sie diese wirklich zahlen müssen, weil sie wissen, dass sie vorsichtig fahren. Aus der Tatsache, dass ein Kunde bereit ist, eine Selbstbeteiligung zu zahlen, kann man Rückschlüsse auf seine Fahrweise ziehen. Zugleich erzieht die Selbstbeteiligung die Versicherten zu einem vorsichtigeren Verhalten.

Wer hingegen bei seiner Versicherung den Selbstbehalt ablehnt, dokumentiert, dass er ein mieser Fahrer ist, sozusagen ein Büffet-Gast, der seinen Körperumfang auf Kosten des Büffets dramatisch ausweitet. Na, dann guten Appetit.

Das ist die Gretchenfragenversion für Autofahrer: Wie hältst Du es mit dem Falschparken? Soll man falschparken? Darf man falschparken? Muss man es sogar? Und wann sollte man es besser sein lassen?

Aus dem Bauch heraus haben die meisten von uns dazu eine Meinung und ein paar Ideen, wann Falschparken attraktiv ist, doch mit ein wenig Modellökonomie können wir aus diesen Ideen eine handfeste Faustformel machen, die Vielparkern und Vielfalschparkern das Leben enorm erleichtert.

Also, lassen Sie uns überlegen: Lohnt sich Falschparken? Oder exakter gefragt: Wann lohnt sich Falschparken? Dazu müssen wir die Kosten des Falschparkens gegen die Kosten des korrekten Parkens abwägen. Die Kosten des korrekten Parkens sind rasch berechnet: Es ist die Anzahl der geparkten Stunden mal der Höhe der stündlichen Parkgebühr. Die Kosten des Falschparkens setzen sich aus drei Komponenten zusammen: Aus der Höhe der potentiellen Strafe mal der Anzahl der geparkten Stunden mal der Höhe der Entdeckungswahrscheinlichkeit.

Ein einfaches Beispiel macht das klar: Nehmen wir an, der Strafzettel kostet zehn Euro, und man muss damit rechnen, dass man in 50 Prozent der Parkzeit erwischt wird. Dann kosten zwei Stunden Falschparken im Schnitt zehn Euro, denn von den zwei Stunden wird man nur die Hälfte der Zeit erwischt – also eine Stunde, was dann ein Ticket zu zehn Euro macht. Liegt die Entdeckungswahrscheinlichkeit bei 100 Prozent, dann kosten zwei Stunden Falschparken zwanzig Euro, bei einer Entdeckungswahrscheinlichkeit von null parkt man gratis (Wir wollen hier davon ausgehen, dass mit steigender Stundenzahl Falschparkens auch die Höhe der Strafe zunimmt – wer beispielsweise in Frankfurt falschparkt, kennt dieses Problem – wir schließen hier also Flatrate-Falschparken aus).

Damit haben wir zwei unterschiedliche Rechnungen: Die Kosten für korrektes Parken und die Kosten für Falschparken, und die beiden stellen wir gegenüber. Warum ist klar: Je nachdem, welcher der beiden Kostenblöcke der größere ist, trifft man die Park- respektive Falschparkentscheidung. Dabei ist ein Punkt von besonderem Interesse, nämlich der Punkt, an dem sich die Kosten gleichen. Das ist der Fall, wenn die Kosten für das korrekte Parken gleich sind den Kosten des Falschparkens. Oder anders geschrieben: Die Anzahl der geparkten Stunden mal der Höhe der stündlichen Parkgebühr – die Kosten des korrekten Parkens – sind hier gleich den Kosten des Falschparkens, also der Anzahl der geparkten Stunden mal die Höhe des Strafzettels mal der Entdeckungswahrscheinlichkeit. In der betriebswirtschaftlichen Literatur nennt man diesen Punkt den Break-even-point – der Punkt, an dem sich Kosten und Erlöse die Waage halten.

Wir haben nun also einen Showdown, oder wie Mathematiker sagen, eine Gleichung: Auf der rechten Seite steht die Zahl der korrekt geparkten Stunden multipliziert mit der Höhe der Parkgebühr pro Stunde, auf der linken Seite stehen die Kosten des Falschparkens, also die Anzahl der geparkten Stunden mal die Höhe des Strafzettels mal der Entdeckungswahrscheinlichkeit. Die Anzahl der geparkten Stunden muss für einen ordentlichen Vergleich natürlich identisch sein, egal ob wir falsch oder korrekt parken, weswegen wir diese aus unserer Gleichung auf beiden Seiten verbannen. Es bleiben auf der rechten Seite die Kosten des Parkhauses übrig, auf der linken Seite die Kosten des Strafzettels und die Entdeckungswahrscheinlichkeit. Halten sich die beiden Seiten kostenmäßig die Waage, dann ist Falschparken genauso teuer wie korrektes Parken, das ist unser Break-even-Punkt. Die entscheidende Variable in dieser Gegenüberstellung ist die Entdeckungswahrscheinlichkeit, wie wir gleich sehen werden.

Nehmen wir einmal an, die Kosten für das Parkhaus betragen fünf Euro je Stunde, die für den Strafzettel zehn Euro je Stunde. Wann ist dann Falschparken genauso teuer wie das Parkhaus? Ganz einfach: Wenn wir in der Hälfte aller Fälle erwischt werden. Stehen wir beispielsweise zwei Stunden im Parkhaus, so zahlen wir zehn Euro. Parken wir stattdessen zweimal eine Stunde falsch und werden nur einmal erwischt – also in fünfzig Prozent aller Fälle – dann betragen die Kosten des Falschparkens auch zehn Euro. Würde die Entdeckungswahrscheinlichkeit bei 100 Prozent liegen – wir werden beide Male erwischt – dann wären das zwei

Strafzettel á zehn Euro, also zwanzig Euro; das Parkhaus wäre mithin billiger. Bei einer Entdeckungswahrscheinlichkeit von null hingegen wäre das Falschparken billiger.

Was wir also für unsere Falschparkentscheidung brauchen, ist die Entdeckungswahrscheinlichkeit, bei der die Kosten des Falschparkens genauso hoch sind wie die Kosten des Parkhauses.

Diese Entdeckungswahrscheinlichkeit könnte man als kritische Entdeckungswahrscheinlichkeit bezeichnen: Ist die tatsächliche Entdeckungswahrscheinlichkeit höher, so sollten Sie ins Parkhaus fahren, ist sie niedriger, so sollten Sie falschparken. Anhand des obigen Beispiels lässt sich diese kritische Entdeckungswahrscheinlichkeit leicht ausrechnen: Teilt man die Kosten des Parkhauses – fünf Euro – durch die Kosten des Tickets – zehn Euro –, so erhält man den Wert 0,5, also 50 Prozent – das ist unsere kritische Entdeckungswahrscheinlichkeit, wie wir oben gesehen haben.

Das ist also unsere allgemeine Formel, wenn wir die obige Falschparkgleichung nach der Entdeckungswahrscheinlichkeit auflösen: Sie erhalten die kritische Entdeckungswahrscheinlichkeit, indem Sie die Höhe der Parkgebühren durch die Höhe der Strafe dividieren. Damit hätten wir unsere Falschparkerregel: Dividieren Sie die Höhe der Parkgebühren durch die Höhe der Strafe, die Sie erwarten, wenn Sie falschparken, so erhalten Sie die kritische Entdeckungswahrscheinlichkeit.

Jetzt müssen Sie sich nur noch überlegen, ob Sie die tatsächliche Entdeckungswahrscheinlichkeit höher oder niedriger einschätzen als die kritische Entdeckungswahrscheinlichkeit. Ist sie höher, fahren Sie ins Parkhaus, ist sie niedriger, stellen Sie sich ins Halteverbot. Ein einfaches Beispiel: Betragen die Parkgebühren fünf Euro, ein Strafzettel hingegen kostet zwanzig Euro, so liegt die kritische Entdeckungswahrscheinlichkeit bei 5 geteilt durch 20, macht 0,25, also 25 Prozent. Vermuten Sie, dass die Gefahr einer vagabundierenden Politesse über 25 Prozent liegt, dann sollten Sie das Parkhaus ansteuern.

Testen wir diese Regel noch einmal: Viermal parken im Parkhaus macht zusammen 20 Euro. Parke ich viermal im Halteverbot und werde in 25 Prozent aller Fälle – also einmal – erwischt, dann zahle ich auch 20 Euro; werde ich zweimal – in 50 Prozent aller Fälle – erwischt, wird Falschparken teurer.

Wovon die Höhe der tatsächlichen Entdeckungswahrscheinlichkeit abhängt, ist schwierig zu sagen: Das Wetter, der Ort, an dem man falsch parkt, die Finanzen der Kommune, welche die Politessenschwärme ausschickt – die Zahl der Einflussfaktoren ist groß. Aber Sie sehen, mit ein wenig Mathematik kann man fesche Faustformeln erstellen, die den Alltag enorm erleichtern. Auch für gesetzestreue Bürger.

Sie kennen das: Man steht an der Bushaltestelle und wartet auf den Bus. Vorher hat man noch überlegt, ob man zu Fuß gehen oder ein Taxi nehmen soll, aber hat sich für den Bus entschieden. Doch nun erscheint dieser elende, vermutlich mit plärrenden Schulkindern gefüllte Nahverkehrsseelenverkäufer nicht. Und nun ist er da: der Moment, in dem man sich fragt, ob man nicht doch laufen soll. Soll man wirklich? Schließlich hat man so lange gewartet, da wäre es doch dumm, jetzt aufzugeben, oder?

Möglicherweise nicht, wenn man in Kostenbegriffen denkt. Die bereits verstrichene Wartezeit auf den Bus ist das, was man unter Ökonomen „sunk costs", also versunkene Kosten nennt: Die Zeit ist weg respektive das Geld ausgegeben und damit unwiederbringlich verloren.

Und jetzt kommt der ökonomische Punkt: Wer wirtschaftlich denkt, trauert diesen Kosten nicht hinterher, da sie unwiederbringlich verloren sind. Jede weitere Entscheidung sollte nicht davon abhängig gemacht werden, dass man bereits so viel investiert hat. „Sunk is sunk", heißt das unter Ökonomen, will heißen: weg ist weg.

Ein Beispiel macht das klar: Nehmen wir einmal an, Sie haben 1.000 Euro in ein Investment – eine Maschine, eine Aktie oder eine Unternehmensbeteiligung – gesteckt und

verloren. Nun taucht die Frage auf, ob Sie noch Geld nach-
schießen sollen, um diese Verluste wieder wettzumachen. Die
Entscheidung, weitere 1.000 Euro zu investieren, sollten Sie
nicht davon abhängig machen, dass Sie ja bereits 1.000 Euro
versenkt haben – die sind futsch und dürfen damit keine
Rolle mehr für eine weitere Investitionsentscheidung spielen
– sunk is sunk. Für eine weitere Investitionsentscheidung ist
lediglich die Einschätzung, ob Sie noch an das Investment
glauben, relevant, nicht aber die versunkenen Kosten.

Diese Neigung der Menschen, Verluste nicht verloren zu
geben, machen sich smarte Geldvampire vom grauen Kapitalmarkt gerne zunutze, wenn sie am Telefon Schweine-
bauchkontrakte oder Termingeschäfte auf Orangensaftkon-
zentrat verkaufen: „Wenn Sie jetzt aussteigen, verlieren Sie
all Ihren Einsatz", flötet es aus dem Telefon – und schon
greift man, das Schreckensbild eines realisierten Verlustes
vor Augen, erneut zum Scheckbuch und wirft dem schlechten Geld auch noch das gute Zahlungsmittel hinterher.
Dabei sind diese Verluste bereits jetzt verloren und sollten
für eine weitere Investitionsentscheidung keine Rolle mehr
spielen – sunk is sunk.

Die Kunst des ökonomischen Lebenskünstlers besteht
darin, genau zu wissen, wann der Einsatz wirklich verloren
ist – keine leichte Aufgabe. Bei unserem Bus kann man
argumentieren, dass es umso wahrscheinlicher wird, dass
ein Bus kommt, je länger ich gewartet habe. Das ist richtig, wenn der Bus in regelmäßigen Intervallen kommt –

wenn er jede Stunde erscheint, dann weiß ich, dass ich maximal 60 Minuten warten muss. Habe ich bereits 55 Minuten gewartet, ist die Fußwegoption nicht sinnvoll – allerdings nicht, weil ich so lange gewartet habe, sondern weil ich nur noch so kurz warten muss.

Habe ich aber Anlass zu der Vermutung, dass überhaupt kein Bus mehr kommt, bringt mir auch eine noch so lange Wartezeit nichts. Für Investments kann man diese Bus-Philosophie verneinen: Aktienkurse oder die Werte anderer Vermögensgegenstände richten sich nicht nach einem Fahrplan – nur weil eine Aktie einmal 100 Euro wert war, bedeutet das nicht, dass sie automatisch wieder zu diesem Kursniveau zurückkehren wird. Und auch das kurze Hochschnellen des Kurses kann sich als das erweisen, was Angelsachsen unappetitlicherweise „dead-cat-bounce" nennen – wenn etwas aus großer Höhe nach unten fällt, bleibt es nicht sofort am Boden liegen, sondern hüpft noch einmal kurz auf, bevor es liegenbleibt.

Ökonomisch gesehen liegen immer dann versunkene Kosten vor, wenn es für das getätigte Investment keine andere Verwendungsmöglichkeit mehr gibt. Kauft ein Unternehmen eine Maschine, die nur eine Verwendungsmöglichkeit hat, so sind diese Kosten versenkt und sollten bei jeder weiteren Kalkulation keine Rolle mehr spielen. Kann man die Maschine hingegen noch anderweitig nutzen oder weiterverkaufen, sollte sie in der Kalkulation des Unternehmens auch berücksichtigt werden.

Für die Bushaltestelle gibt es noch eine Idee, wie man das Ausmaß der versunkenen Kosten begrenzen kann: Man muss einfach schnell entscheiden. Warum ist klar: Je länger man gewartet hat, bevor man doch läuft, umso größer ist der Zeitverlust, den man bereits durch Warten erlitten hat. Je länger man also wartet, umso höher werden die versunkenen Kosten und umso schwieriger wird es damit auch, diese als solche auch mental abzuschreiben und zu kaufen.

Wer an die Sunk-is-sunk-Weisheit denkt, erspart sich unter Umständen viel Ärger und hohe Verluste, weil er nicht mehr an etwas festhält, was schon längst verloren ist. Ob an der Bushaltestelle oder beim Schweinebauchkauf – Sie sollten sich also immer fragen, ob hier gerade etwas dabei ist zu versinken.

Wer will heutzutage noch seinen Rasen selber mähen? Nicht viele Gartenbesitzer, und wer sein kleines Stück Grün dennoch gepflegt wissen will, bedient sich der Hilfe von dritter, hoffentlich professioneller Seite. Man könnte beispielsweise den Nachbarsjungen fragen, ob er gegen eine bescheidene oder unbescheidene Entlohnung bereit ist, den teuren Motorrasenmäher über das satt leuchtende Vorstadtgrün zu schubsen.

Doch bei näherem Hinsehen treten bei dieser Lösung einige Probleme auf, und das teuerste Problem ist der gute Motorrasenmäher: Was, wenn der Nachbarsjunge zu nachlässig mit dem guten Stück umgeht und vor lauter Bequemlichkeit über ein paar Steine mäht, die im Weg liegen, statt diese wegzuräumen? Für den Mäher hätte das ebenso drastische Konsequenzen wie für die Geldbörse des Mäherbesitzers.

Die erste, einfache Antwort auf dieses Problem besteht darin, den Nachbarsjungen regresspflichtig zu machen: Ruiniert er den teuren Mäher, so muss er dafür zahlen. Diese einfache Regelung hat aber einen Haken: Was, wenn der Nachbarsjunge zwar sorgfältig ist, aber einen Stein, der im Weg liegt, beim besten Willen nicht sehen konnte? Der Rasenmähercrash ist dann nicht seine Schuld, er aber müsste dafür bezahlen. Das wäre erstens nicht fair, und zweitens

müssen Sie vermuten, dass der Nachbarsjunge den Mäher
gar nicht erst anfassen wird, wenn er weiß, dass er so oder
so zahlen muss – egal ob schuldig oder unschuldig.

Nun kann man ja einen Vertrag aufsetzen, in dem man fest-
legt, dass der Nachbarsjunge nur bei eigenem Verschulden
zahlen muss – ist er ein sorgfältiger Zeitgenosse, so wird er
sich darauf einlassen, da er weiß, dass er aus eigenem Verschulden den Mäher nicht ruinieren wird. Allerdings lässt
sich das eigene Verschulden nicht so exakt vertraglich festlegen und vor allem auch beweisen, so dass stets ein gewis-
ses Restrisiko bleibt.

Vor solchen Problemen stehen Menschen jeden Tag aufs
Neue: Arbeitgeber vertrauen ihren Angestellten täglich
Millionenwerte an und hoffen, dass diese sich daran nicht
allzu sehr verlustieren. Unternehmen schließen Liefer-ver-
träge ab und verlassen sich darauf, dass ihre Kontrahenten
pünktlich und zuverlässig liefern. Menschen gehen zum
Arzt und hoffen, dass er mit seiner Behandlung ihr Leid
minimiert, statt das eigene Einkommen zu maximieren. In
allen diesen Fällen haben wir stets das gleiche Problem: Die
eine Vertragspartei kann nicht hinreichend feststellen, ob
sich die Gegenpartei ausreichend Mühe gibt.

Ökonomen nennen das unvollständige Information: Die
beiden Vertragspartner müssen sich aufeinander verlassen,
können aber weder ausschließen, dass sie über den Tisch
gezogen werden, noch immer nachweisen, dass dem so war,

da das Ergebnis der Bemühungen ihres Vertragspartners bis zu einem gewissen Grad von Einflussfaktoren abhängt, auf die diese keinen Einfluss haben.

Asymmetrische Information erschwert auch eine faire Entlohnung: Wie viel soll man dem Vermögensberater für seine Bemühungen bezahlen? Wenn das Portfolio wächst, kann das trotz der Bemühungen des Beraters der Fall sein – dann hätte er eigentlich auch keine Bezahlung verdient. Macht das Portfolio Diät, so muss das nicht am Berater liegen – dann sollte man ihn dennoch bezahlen. Leider wissen wir nicht, welcher Teil des Investmenterfolgs auf den Berater und welcher auf den Zufall zurückgeht.

Das gleiche Problem haben wir bei Ärzten: Werden wir gesund wegen oder trotz der Behandlung? Im ersten Fall verdient unser Medicus eine Belohnung, im zweiten Fall einen Tritt in die Gegend, auf der er normalerweise zu sitzen pflegt.

Dennoch – Verträge zwischen Geschäftspartnern mit asymmetrischen Informationen sind gang und gäbe, denn es gibt ein Zaubermittel, mit dem man diesem Problem beikommen kann, und dieses Zaubermittel heißt Reputation. Wenn der Nachbarsjunge den Rasen nicht nur einmal, sondern regelmäßig mäht, und der teure Rasenmäher dabei nie zu Schaden kommt, ist das ein Hinweis darauf, dass er seine Sache gut macht und ernst nimmt – und dass dies in Zukunft auch so bleibt. Genauso verhält es sich bei Ärzten oder Beratern: Ein einmaliger Erfolg kann dem Zufall geschuldet sein, wenn sich der Erfolg regelmäßig einstellt, ist das ein Hinweis auf die Güte des Dienstleisters.

Wer sich also als Arbeitnehmer, Lieferant, Arzt oder Dienstleister in der Vergangenheit bewährt hat und dies nach außen kommuniziert, macht seinen potentiellen Vertragspartnern klar, dass sie ihm vertrauen können – und wer in Zukunft auch noch Geschäfte machen will, wird diese Reputation – sein geschäftliches Kapital – pflegen. Hier hat der Volksmund recht: Vertrauen ist die Seele des Geschäfts.

Das kennt fast jeder von uns: Man muss für die Firma oder das Unternehmen eine Reise wagen und im Hotel übernachten, um einen wichtigen Vertrag unter Dach und Fach zu bekommen, ein Geschäft abzuwickeln, ein Angebot vorzustellen oder einen Vortrag zu halten. Und da dem Angestellten aus dieser Dienstreise keine Nachteile entstehen sollen, zahlt das Unternehmen alle Spesen: das Hotel, die Reise, etwas Verpflegung und eventuell einen kleinen Betrag zur Bewirtung der potentiellen Kunden. Für das Unternehmen stellt sich nun eine knifflige Frage: Wie soll denn das Spesenkonto aussehen?

Spielen wir einmal ein paar Ideen durch. Idee Nummer eins ist die naheliegendste und vermutlich dümmste: Man gibt dem Mitarbeiter freie Spesenhand. Was folgt, ist klar: Der Mitarbeiter fliegt in der Diamanten-Klasse, übernachtet auf Rosen gebettet in der Fürstensuite des besten Hauses am Platze und lädt die Geschäftskunden generös zur Großwildjagd mit anschließender Papstaudienz ein. So etwas passiert, wenn Menschen das Geld anderer Leute ausgeben. Daraus folgt sofort Idee Nummer zwei zur Gestaltung des Spesenkontos: Wir schreiben dem Mitarbeiter das Hotel, die Restaurants und den Mietwagen exakt vor – das stellt sicher, dass er bei der Spesenabrechnung keine Überraschungen präsentiert.

Diese Lösung hat allerdings den Nachteil, dass ihr jegliche Flexibilität fehlt: Ist der Kunde am anderen Ende der Stadt, wäre ein anderes Hotel verkehrstechnisch günstiger gewesen, will der Kunde nicht zu Chez Sodbrand, sondern zu Willis Würstelbude, so hat der Mitarbeiter ein Problem. In der Praxis dürfte es schwer handhabbar sein, den Spesenrittern alle Details vorzuschreiben, zudem nimmt man ihnen damit jeglichen Anreiz, mögliche günstigere Arrangements zu nutzen, die sich andienen.

Nun gut, wie wäre die folgende Idee: Man gibt dem Mitarbeiter einen Festbetrag an die Hand, mit dem er auskommen muss. Klingt gut, hat aber zwei Haken: Zum einen ist es schwierig, den richtigen Betrag zu finden, zum anderen hat der Mitarbeiter immer noch keinen Anreiz, günstig zu wirtschaften – er wird einfach alles ausgeben, was ihm sein Unternehmen in die Hand gedrückt hat –, selbst wenn er ursprünglich keine südkaribischen Jungfernmuscheln zur Vorspeise essen wollte. Das Gelbe vom Spesenei ist diese Idee also nicht.

Verfeinert man die Idee eines fixen Spesenkontos, so könnte man dem Mitarbeiter einen festen Betrag in die Hand drücken und ihm versprechen, dass er alles, was übrig bleibt, behalten darf. Das führt zumindest dazu, dass der Mitarbeiter den ihm anvertrauten Betrag sorgfältig verwendet, statt ihn um jeden Preis aus dem Fenster zu werfen. Zwar hat das Unternehmen davon unmittelbar nichts, allerdings ist ein solches fixes Spesenkonto eine Art Motivation für den Mitarbeiter. Leider kann diese Motivation nach hinten losgehen, denn wenn der Mitarbeiter zu sehr darauf fixiert ist, Spesen in die eigene Tasche zu sparen, führt das dazu, dass Kunden im Schnellimbiss abgefüttert werden oder der spesensparwillige Mitarbeiter zum Termin zerknittert und unausgeschlafen erscheint, weil er in der Jugendherberge im Zwölferzimmer oder unter einer Eisenbahnbrücke übernachtet hat.

Einfach ist es nicht, seine Mitarbeiter zu verantwortungsbewussten Spesenrittern zu machen – was letztlich daran liegt, dass der Mitarbeiter immer anderer Leute Geld, aber nicht sein eigenes ausgibt. Eine anreizkompatible Lösung des Spesenproblems muss also dahin führen, dass er sein eigenes Geld ausgibt – aber auch leidet, wenn er zu knauserig ist und dadurch Kunden verliert. Das bringt uns rasch auf die Idee, den Mitarbeiter zum Miteigentümer zu machen: Jetzt geht jeder Euro, den er verschwendet, von seiner Gewinnbeteiligung ab. Ist er aber zu knauserig, so verliert er den Kunden, was ebenfalls schlecht ist für seine Gewinnbeteiligung. Zumindest wäre es ein Anfang, den Mitarbeiter am Erfolg des Projektes zu beteiligen – dann hat er ein Interesse daran, die Kosten niedrig zu halten, ohne Kunden durch Sparorgien zu vergraulen.

Damit haben wir die Idee der Mitarbeiterbeteiligung im Kern erfasst: Beteiligt man seine Mitarbeiter am Unternehmen, so beteiligt man sie auch am Erfolg des Unternehmens – sie wissen jetzt, dass jeder Fehler, den sie machen,

jeder Euro, den sie verschwenden, letztlich auf ihr eigenes
Einkommen drückt. Natürlich muss man diese Idee verfeinern, aber im Grundsatz ist dieser Ansatz effizient – nichts
schafft so hohe Anreize wie Eigentum; das eigene Geld gibt
man immer noch am umsichtigsten aus.

DER KLEINE UND GROSSE WETTSTREIT

Zugegeben: Ökonomen nerven mit ihrer ewigen Predigt von mehr Wettbewerb. Muss das sein? So lästig das klingt – ja, es muss. Natürlich ist das unangenehm, wenn man selbst im Wettbewerb bestehen muss – es findet sich immer einer, der besser, schneller, freundlicher, ideenreicher und kreativer ist, zum Leidwesen derer, die nicht so gut, schnell, freundlich oder kreativ sind. Und abgesehen von den theoretisch-abstrakten Überlegungen der Ökonomen, warum man Wettbewerb braucht: Irgendwie steckt er uns im Blut. Wir wollen uns mit anderen messen, wir wollen zeigen, dass wir besser sind, und als Zuschauer fiebern wir mit über den Ausgang des Wettstreits.

Das ist der angenehme Nebeneffekt des Wettbewerbs, den Ökonomen so sehr schätzen: Je mehr sich die Wettstreiter anstrengen, umso mehr amüsiert sich das Publikum, je mehr sich die Anbieter anstrengen, umso billiger und besser wird es für die Kunden.

Wie heißt es doch so schön: Wenn sich zwei streiten, freut sich der Dritte.

Diese Frage beschäftigt uns immer: Wer ist der Beste? Der Beste, das sagt uns die schwedische Pop-Musik, kriegt alles, und deswegen wollen wir gerne auch der Beste sein. Aber wie finden wir heraus, wer der Beste ist? Natürlich mit Hilfe von Ranglisten – wer ganz oben auf einer solchen Liste steht, ist die Nummer eins. Ein Paradebeispiel dafür ist die wichtigste Tabelle des Wochenendes, nämlich die Bundesligatabelle: Wer hier auf Platz eins steht, ist auch die Nummer eins. Oder?

Als Anhänger einer Mannschaft, die eher im unteren Drittel der Tabelle beheimatet ist, weigert man sich natürlich, diese Tabellentatsache als solche hinzunehmen – und ein guter Ökonom (und Fußballfan) hat natürlich eine Begründung parat: „Nix gegen die Bayern – aber mit dem vielen Geld, das die haben, muss man doch in der Tabelle oben stehen, die Mainzer hingegen müssen sich mit einem viel kleineren Etat behaupten", sagen die Verteidiger des rheinhessischen Fußballs. Und recht haben sie.

Ökonomisch gesehen ist da viel dran: Wer nicht auf den absoluten Erfolg einer Mannschaft, sondern auf ihre Effizienz abstellt, muss fragen, wie viele Euros das jeweilige Team pro Tor eingesetzt hat. Die effizienteste – und nach dieser Definition beste Mannschaft – ist diejenige, die mit dem wenigsten Geld die meisten Tore oder die meisten

Siege einfährt. Wer mit billigen Spielern ein Tor pro Spiel schießt, kann nach Effizienzgesichtspunkten betrachtet besser sein als das überteuerte Legionärs-Team, das pro Spiel zwei Tore macht. Nicht der Tabellenplatz, sondern die Kosten pro geschossenem Tor entscheiden also nach dieser Lesart darüber, wer der Beste ist. Diese Maximierung einer Leistung bei Minimierung der eingesetzten Mittel nennen Ökonomen „Effizienz". Die Bayern mögen also effektiv spielen – sie schießen die meisten Tore –, aber ein kleiner rheinhessischer Verein kann trotzdem effizienter sein, wenn er zwar weniger Tore als die Bayern schießt, aber pro Tor weniger Geld in Stürmer investiert.

Diese Philosophie – nicht die Größe, sondern die Effizienz siegt – findet sich in vielen Ranglisten. Auf die Frage nach dem erfolgreichsten Film aller Zeiten beispielsweise kann man zwei verschiedene Antworten geben: Die „Ich-bin-der-König-der-Welt"-Schmonzette „Titanic" ist gemessen an ihren Einnahmen wohl einer der erfolgreichsten Filme – aus Effizienzgesichtspunkten hingegen wird der gute Leonardo DiCaprio locker vom Gruselschocker „Blair Witch Project" abgehängt, der nur ein paar hunderttausend Dollar gekostet, aber etliche Millionen eingespielt hat. Da gab es deutlich mehr Bang für den Buck, wie Angelsachsen sagen.

Ein anderes Beispiel für solche problematischen Leistungsvergleiche sind die Rankings der deutschen Universitäten: Da werden Forschungsleistungen der verschiedenen Fakultäten miteinander verglichen und die beste deutsche Uni gekürt. Ein an vielen Stellen zweifelhaftes Verfahren: Da Forschungsleistungen in der Regel anhand der Zahl veröffentlichter wissenschaftlicher Quellen gemessen werden, haben Fakultäten bessere Karten, die einen ganzen Stall voller Professoren beherbergen – die kleine Provinz-Universität mit einem Dozenten und einer Halbtags-Sekretärin fällt bei dieser Art des Leistungsvergleichs hinten runter. Vergleicht man die Unis hinsichtlich ihrer Leistung in der Lehre, so wird das nicht viel besser: Gute Lehre von einem Dozenten ist mehr wert als ein Haufen Lehre von einem Rudel Dozenten, unter denen auch ein paar gute Dozenten sind – mal abgesehen von der Frage, wie man gute Lehre misst.

Eine weitere Leistungsschau findet sich auf den Seiten der Anlegermagazine: Dort vergleicht man Fonds oder andere Finanzanlagen miteinander und fragt, welches Produkt die höhere Rendite hat. Auch hier schnappt die Vergleichbarkeitsfalle zu: Zum einen wechselt der Favorit je nachdem, über welchen Zeitraum man diese Rankings betrachtet, zum anderen fehlen viele Angaben. Wenn Fonds A 10 Prozent besser war als Fonds B, so kann das daran liegen, dass Fonds A besser war – möglicherweise hat Fonds A aber auch mit einem viel höheren Risiko gearbeitet und Glück gehabt. Das wäre ungefähr so, als ob der Bundesligatabellenführer seine Siege mit zwölf Mann auf dem Platz errungen hat und nur Glück hatte, dass ihn der Schiedsrichter nicht erwischt hat.

Noch undurchsichtiger wird es, wenn man fragt, über welchen Zeitraum denn der Sieger gekürt werden soll: über
ein, drei, sechs, zwölf Monate oder Jahre?

Keine Frage, wir Menschen lieben Wettbewerb, und Vergleiche und Ranglisten ermöglichen Wettbewerb – doch
wir sollten diese Vergleiche immer mit skeptischer Zurück-
haltung genießen. Nicht jede Rangliste ist ehrlich zu uns –
und leider ist nicht jede Bundesligatabelle gut zu unserem
Verein.

Nicht jeder ist ein großer Fan von Autorennen, aber ab und an erregt dieses Spektakel sogar die Aufmerksamkeit von Ökonomen, beispielsweise wenn es dort Ärger gibt. Und in der letzten Saison von Michael Schumacher gab es Ärger: Da warf man dem Renault-Team vor, dass es sich mittels eines sogenannten Masse-Dämpfers einen Vorsprung vor dem Ferrari-Team gesichert habe. Dieser Masse-Dämpfer war eine Art Gewicht, das an strategisch wichtiger Stelle in der Nase des Wagens angebracht war und dafür sorgte, dass der Wagen ruhiger lief – und damit deutlich schneller als die Konkurrenz. Lange ging das nicht gut: Diese Schwingungstilger in der Nase des Renaults seien rechtswidrig, befand das Berufungsgericht des Internationalen Automobilverbandes und verbot sie – zur Freude aller Ferraristi.

Für Renault war das sehr ärgerlich – 0,3 Sekunden pro Runde soll diese kleine Innovation angeblich gebracht haben; die waren jetzt futsch, und der Motorenlärm der Ferraris wurde wieder lauter hinter dem führenden Renault. Und (nicht nur) als Ökonom muss man sich fragen, was davon zu halten ist.

Auf den ersten Blick ist die Antwort eindeutig: Wer ein faires Rennen will, muss dafür sorgen, dass jeder Teilnehmer die gleichen Startbedingungen hat – da darf sich niemand einen Vorteil über merkwürdige Nasenschwingungsdämpfer erschleichen. „Level playing field" nennen das angelsachsophile Fachleute und meinen damit die Forderung, dass im Wettbewerb gleiche Spielregeln für alle gelten müssen. Aber was, wenn sich einer der Teilnehmer einen Vorteil erarbeitet – muss oder darf man ihm diesen Vorteil nehmen? Darüber lohnt es sich, in einem einfachen Gedankenexperiment nachzudenken. Lassen Sie uns über Streuselkuchen reden.

Wer den Wettbewerb auf dem Streuselkuchenmarkt revolutioniert, indem er ein geheimes Rezept für Streuselkuchen mit Biergeschmack herstellt und alle Kunden auf seine Seite zieht, hat einen klaren Wettbewerbsvorteil gegenüber der Konkurrenz. Darf der Staat im Interesse der Fairness auf dem nationalen Streuselkuchenmarkt den Bierstreuselkuchenerfinder dazu zwingen, diesen Bierstreuselkuchen vom Markt zu nehmen? Der Bierstreuselproduzent und Bierstreuselkuchenliebhaber werden diese Frage vermutlich verneinen: Wer sich durch Schlauheit, Mut und Cleverness einen Vorteil erarbeitet, darf dafür nicht bestraft werden. Warum, ist klar: Wer für seine Cleverness bestraft wird oder keine Vorteile von seiner Findigkeit hat, wird in Zukunft den Kopf einziehen und nichts mehr erfinden – wer weiß, wie viele gute Entdeckungen uns dann entgehen würden?

Das bringt uns zu Renault zurück: Die Konstrukteure des Teams waren offenbar schlauer und findiger als ihre Konkurrenten und wurden vom Internationalen Automobilverband dafür bestraft. Die Folge dieser Strafe ist klar: In Zukunft sollten die Konstrukteure aller Rennställe sich zurücklehnen und auf Innovationen verzichten, da sie im Zweifelsfall befürchten müssen, dafür bestraft zu werden. Wer nichts macht, kommt auch ins Ziel.

Dies bezeichnen Ökonomen als die dynamische Anreizfunktion des Wettbewerbs: Wer sich auf fairem Weg durch Innovationen einen Vorsprung verschafft, muss dafür belohnt werden, sonst werden die Innovationen ausbleiben. Das erklärt beispielsweise, warum wir Pharmafirmen die Gelegenheit geben müssen, Patente auf lebensrettende Medikamente anzumelden: Nur wer mit einem Patent hinreichend Geld verdient, wird sich weiterhin um Innovationen bemühen – im Interesse der eigenen Brieftasche, aber auch zum Wohl der Allgemeinheit. Findet ein Pharmakonzern hingegen ein neues Medikament, das er anschließend aber nicht gewinnbringend vermarkten darf, weil der Gesetzgeber das entweder als unfair erachtet oder vermeiden will, dass Patienten aufgrund des hohen Preises das Medikament vorenthalten wird, wird dieser Konzern sich in Zukunft die Forschung nach neuen Medikamenten ersparen. Ist es das, was wir wollen?

Nun hat der Internationale Automobilverband aber noch eine Trumpfkarte in der Hinterhand, die seine Maßnahme rechtfertigen könnte: Würde Renault es durch eine geniale Konstruktion schaffen, den Wagen auf Lichtgeschwindigkeit zu beschleunigen, so könnte der Formel-1-Zirkus einpacken – niemand will einen Wettbewerb sehen, in dem der Sieger bereits feststeht. Will man dennoch Innovationen, so müsste man Renault dazu nötigen, seine Lichtgeschwindigkeits-Technologie mit den anderen Teams zu teilen – gegen eine entsprechende Entschädigung, versteht sich.

So könnte man den Wettbewerb spannend halten, zugleich aber Renault für seine Findigkeit entlohnen. Eine Lösung, die auch für das lebensrettende Medikament der richtige Weg ist: Man zwingt den Erfinder des Medikaments, dieses für andere Hersteller zu lizenzieren, entschädigt ihn aber dafür angemessen.

Wie immer im Leben und in der Ökonomie kommt es also darauf an, die Anreize richtig zu setzen – leider sind Politiker darin nicht immer so weltmeisterlich wie Michael Schumacher seinerzeit im Fahren.

Das weckt Neid: Während man – gerüstet mit Knabber-
zeug, Getränken und Kissen – auf den Hauptfilm um Vier-
tel nach acht wartet und die Nachrichten schaut, erklärt der
Nachrichtenmoderator, dass ein alter, berühmter Schrift-
steller irgendeinen noch älteren, berühmten Kulturpreis
nebst zugehörigem Scheck verliehen bekommt. Das ist
ganz schön ungerecht – was braucht so eine Berühmtheit
einen satt dotierten Preis? Der Mann hat doch schon Geld
bis zum Abwinken, oder?

Jeder, dessen Einkommen und Vermögen diesseits der
Yacht-in-Monte-Carlo-Grenze liegt, wird wohl im ersten
Moment zustimmen: Muss man einem Menschen, der
bereits alles im Leben erreicht hat, noch eine üppige Kul-
turpreisprämie hinterherwerfen, die er bestenfalls dazu
nutzt, sich einen neuen Golfplatz zu kaufen? Wie ungerecht, die meisten von uns hätten für das Geld auch gute
Verwendungsmöglichkeiten, und die tausend anderen hoff-
nungsvollen Nachwuchsschriftsteller und Künstler wüssten
sicher auch, was sie mit dem Geld anfangen könnten.

Nachdem der erste Neid verraucht ist und der Hauptfilm
läuft, meldet sich während einer der unvermeidbaren Wer-
bepausen das ökonomische Gewissen: Ist die Neidkritik der
Nicht-Yachtenbesitzer und Nicht-Preiswürdigen gerechtfertigt? Leider nein, aus ökonomischer Sicht gibt es gute

Gründe, warum man dem Mann einen Preis um den Hals hängt, selbst wenn er bereits steinalt ist und für sein Leben ausgesorgt hat. Dazu muss man zunächst überlegen, wofür man Preise verleiht: herausragende Leistungen, besondere Taten oder sonstige ehrungswürdige Kraftakte. Das Ziel dieser Preise ist klar: Sie sollen uns zu solchen Taten animieren. Wenn es der betreffende Mensch – unser Preisträger – geschafft und der Welt ein solches Werk geschenkt hat, so muss man ihm zwar eigentlich keinen Preis mehr umhängen, aber schließlich hat man ihm doch genau diesen Preis in Aussicht gestellt, wenn er es schaffen würde.

Wenn wir es zuspitzen, können wir sagen, dass wir den Preisträger beschummeln, wenn wir ihm eine Belohnung in Aussicht stellen, falls er etwas Besonderes vollbringt, sie aber dem unbedeutenden Nachwuchskünstler verleihen, weil dieser gerade knapp bei Kasse ist. Würden wir hingegen auf den Preis verzichten, so müssten wir damit rechnen, dass sich vielleicht viele potentielle Preisträger gar nicht mehr anstrengen, ein preiswürdiges Werk zu schaffen – es winkt ja keine Belohnung mehr.

Genauso funktionieren Marktwirtschaften: Wir belohnen diejenigen, die etwas geleistet haben, und wir stellen denjenigen, die sich bemühen, eine Belohnung in Aussicht. Würden wir das nicht tun, so müssten wir damit rechnen, dass sich niemand mehr anstrengt. Wer damit droht, glücklichen Marktwirtschaftspreisträgern, die es aufgrund ihrer Findigkeit zu einem stattlichen Vermögen gebracht haben, ihr Einkommen zu entziehen, muss nicht nur damit rechnen, dass diese fluchtartig das Land verlassen, er muss auch erwarten, dass sich viele andere erst gar nicht mehr anstrengen werden. Diese dynamische Anreizkomponente in einer Marktwirtschaft wird von vielen Gleichheitsbefürwortern unterschätzt: Wer die heutigen Vermögenden, sozusagen die Preisträger der Marktwirtschaft, schröpft, sorgt zugleich dafür, dass morgen weniger Vermögende nachwachsen – es lohnt sich nicht, sich anzustrengen, weil am Ende dieser Anstrengungen kein Preis mehr auf mich wartet.

Nun wird dem oft entgegengehalten, dass ein Teil der Einkommen in einer Marktwirtschaft ja unverdient sei – soll man denn nicht wenigstens diesen Teil der Einkommen oder Vermögen härter anfassen? Aus Gerechtigkeitsüberlegungen ist das nachvollziehbar, doch dieser Gedanke hat einen schwerwiegenden Haken: Welches Einkommen ist unverdient? Bei allen Einkommen, selbst bei Glücksspielgewinnen, steht hinter diesen Einkommen eine Leistung: Kapitaleinsatz beim Spekulieren, Kapitalüberlassung und Risikoübernahme bei Zinseinkommen, und hinter einer Erbschaft steht auch eine Leistung, nämlich die des Erblassers – bei einer entsprechend hohen Erbschaftssteuer wird sich dieser rasch überlegen, wie er diese aushebelt.

Man kann sich drehen und wenden, wie man will, ohne Anreize keine Leistungen. Das ist eben Marktwirtschaft: An ein paar Glückliche werden Preise verliehen, damit sich der Rest umso mehr anstrengt.

Rheinhessen ist eine Gegend, die ländlich strukturiert ist,
oder um präziser zu sein: Rheinhessen ist nichts für Groß-
stadtkatzen. Dort gibt es viele kleine Dörfer, die sich
gemütlich an fröhliche Weinberge schmiegen und geruh-
sam in der rheinhessischen Sonne vor sich hin dösen, fern-
ab der Hektik der stets beschäftigten, hektischen, ständig
summenden und pulsierenden Rhein-Main-Metropole.
Und in vielen dieser Örtchen gab es über lange Jahre hin-
weg das, was man im Volksmund Tante-Emma-Laden
nennt: Kleine, enge und dunkle Lädchen, in denen sich der
Geruch von Wein, Lebensmitteln, Gebäck und Backzuta-
ten zwischen engen Regalen verfängt, geführt von einem
oder einer meist älteren Inhaber oder Inhaberin mit Hosen-
trägern oder Kittelschürze, die jeden Kunden mit Vorna-
men begrüßen.

Hier konnte man alles erstehen, was das Überleben in der
rheinhessischen Tiefebene erfordert: Butter, Brot, Eier,
Kurzwaren, Lottoscheine, Korkenzieher, Gummistiefel,
Eis, Schokoladenensembles für den kleinen Hunger und die
unverzichtbaren Informationen über das soziale Leben im
Ort. Es gibt wohl niemanden, der diese Lädchen nicht mag
– sie sind gemütlich, praktisch, haben Flair und liefern den
lokalen Nachrichtenfluss inklusive ein wenig Unterhal-
tung.

64 Leider werden diese Lädchen immer weniger, und der Grund dafür ist der Siegeszug des Automobils. Mittlerweile ist es jedem Rheinhessen möglich, innerhalb kürzester Zeit eine der berüchtigten grünen Wiesen zu erreichen, auf denen Großkonzerne dem Kunden neben einem überdimensionierten Parkplatz nicht nur das anbieten, was man zum Überleben benötigt, sondern auch weniger alltagsnotwendige Dinge wie Wäschetrockner, Importweine aus Südafrika, Umstandskleidung, Nasenhaarschneider, Orchideen oder ostmongolische Cocktailkirschen.

Gegen ein solches Spitzenangebot – mit einigen echten und falschen Sonderangeboten garniert – kann der rheinhessische Tante-Emma-Laden nicht ankämpfen. Das ist eigentlich schade, und viele Rheinhessen klagen bitterlich über den Verlust an ländlicher Kleineinkaufskultur in ihrer Nachbarschaft. Doch das Gejammer der Tante-Emma-Nostalgiker über diesen Zustand verstummt zumeist rasch, wenn man sie fragt, wo sie ihre Einkäufe tätigen – natürlich fahren auch sie auf die grüne Wiese. Und an diesem Punkt kommt man ins Grübeln.

Die Klage über das Sterben der kleinen Lädchen wird oft und gerne geführt – allein fehlt dem Ökonomen der Glauben an die Ernsthaftigkeit der Kritiker. Sie preisen den Tante-Emma-Laden – und kaufen auf der grünen Wiese. Sie fordern den Erhalt der örtlichen Buchhandlung – und bestellen ihre Bücher online. Sie wollen eine Fußgängerzone mit Läden und Cafés – aber gehen dort nie einkaufen.

Unter Ökonomen zählen Lippenbekenntnisse wenig, hier spricht man von den sogenannten bekundeten Präferenzen: Die Menschen zeigen allein über das, was sie tun, was sie wirklich wollen. Put your money where your mouth is, oder auf Deutsch: Leg' Dein Geld dort auf den Tisch, wo auch Deine Lippenbekenntnisse sind, heißt es dazu bei den Angelsachsen. Und wenn die Mehrheit der Menschen lieber auf der grünen Wiese shoppen geht, muss man das leider akzeptieren und betrübt zusehen, wie der Tante-Emma-Laden in der rheinhessischen Schweiz zu einem Stück Geschichte wird.

Ebenso verhält es sich mit den Buchhandlungen: Wenn die Mehrheit der Bürger ihre Bücher lieber über das Internet bestellt, weil es bequemer ist, sich die Bücher ins Haus liefern zu lassen, so darf man sich anschließend nicht darüber beschweren, wenn es vor Ort keine Buchhandlungen mehr gibt.

Leider gilt das auch für die Frage, ob man Tante-Emma-Läden erhalten sollte: Wenn diese Läden nicht mehr genug Geld abwerfen, so zeigt damit die Mehrheit der Konsumenten, dass ihnen das Tante-Emma-Einkaufsgefühl nicht genügend wert ist – weswegen es ökonomisch betrachtet leider gerechtfertigt ist, dass man diese Läden schließt.

Wer Wert darauf legt, eine Buchhandlung vor der Haustür zu haben, sollte seine Bücher in der örtlichen Buchhandlung kaufen. Wenn diese dann doch schließt, waren offenbar zu wenige der Mitbürger der Ansicht, dass eine Buchhandlung vor Ort attraktiv genug ist. Also muss man das akzeptieren, anstatt sich darüber zu beklagen, dass man sich seine Bücher jetzt am Bildschirm aussuchen muss. Was man aber nicht akzeptieren muss, sind Menschen, deren Worte nicht zu den Bekenntnissen passen, die sie mittels ihrer Brieftasche abgeben.

Hätte es jemals eines Beweises bedurft, wie geistesumnachtet Männer sein können, so liefern Supermodels wie Giselle Bündchen, Heidi Klum oder Kate Moss den Beweis: Laut der Fachzeitschrift „Gala", ein Magazin, das selten unter Ökonomen zirkuliert, verdient allein Frau Bündchen einen zweistelligen Millionen-Dollar-Betrag pro Jahr, ihre Kollegin Kate bringt es auf eine noch ganz knapp einstellige Millionensumme. Was soll man denn davon halten – sind Männer so benebelt von ein wenig Schönheit, dass sie bereit sind, Millionenbeträge für ein hübsches Lächeln auszugeben? Darum muss sich ein Ökonom kümmern. Natürlich nur aus rein fachlichem Interesse, versteht sich.

Zunächst einmal müssen wir aus der Tatsache, dass die Damen so viel Geld verdienen, schließen, dass es jemanden gibt, dem die Dienstleistungen der Top-Models so viel Geld wert sind. Solange es sich dabei nicht um superreiche Märchenprinzen handelt, die sich Schönheit einfach was kosten lassen, muss das bedeuten, dass die Leistungen der Damen demjenigen, der sie bezahlt, ein Einkommen verschaffen, das wenigstens genauso hoch ist wie der Betrag, den sie für die Mädels hinblättern. Keine Frage: Die Tatsache, dass jemand so viel Geld für Models ausgibt, deutet darauf hin, dass sie ihr Geld auch wert sind. Aber was bitteschön kann das sein? Was ist so besonders an Frau Bündchen, Frau Moss oder Frau Klum, dass man mit ihnen so viel Geld verdienen kann?

Viel Gehalt bedeutet ja, dass man etwas Besonderes kann, etwas, das andere Menschen nicht können. Diese Idee kann aber nicht wirklich als Erklärung für das Supermodel-Rätsel herhalten: Die Fähigkeit, sich vor einer Kamera zu räkeln oder mit Modefummel behängt über einen Laufsteg zu staksen, dürfte nicht so einzigartig sein, dass sie so hohe Gehälter rechtfertigt – für die entsprechende Summe finden sich sicherlich genügend Probanden, die zu solchen Veranstaltungen fähig und bereit sind.

Nun kommt sicherlich der Einwand, dass diese Menschen aber nicht so gut aussehen, was richtig ist. Doch dürfte es genügend andere Menschen geben, die über ein ähnlich gutes Aussehen verfügen wie Giselle, Kate oder Heidi und für ein entsprechendes Gehalt über den Laufsteg schreiten würden – so einzigartig kann das Aussehen der Damen nicht sein, zumal es heutzutage immer mehr Möglichkeiten gibt, der Mutter Natur dort nachzuhelfen, wo sie eine ästhetische Baustelle hinterlassen hat. (Der interessierte Leser sei auf eine der Ausgaben eines Klatschmagazins verwiesen, in der prominente Damen ungeschminkt abgebildet waren – sehr ernüchternd)

Nun gut, die besonderen Fähigkeiten oder das besondere Aussehen sind es also nicht, die für so exotisch hohe Gehälter verantwortlich sind. – Was dann? Idee Nummer zwei wäre das Risiko, das mit diesem Job verbunden ist: Um Model zu werden, muss man investieren – Gymnastik, Training, Bewerbungsmappe, Kontakte knüpfen – alles

Investitionen, die verloren sind, wenn man es nicht auf den
Laufsteg schafft. Und um das Risiko zu rechtfertigen, dass
man solche Investitionen in den Sand setzt und dabei die
Chance verpasst, einen anderen Beruf zu erlernen, muss
man entlohnt werden. Und je höher das Risiko, desto höher
die notwendige Belohnung, wenn man es schafft.

Nach dieser Idee wird das hohe Modelgehalt also als Anreiz
dafür gezahlt, dass sich ein paar Mutige auf diesen riskan-
ten Ausbildungsweg machen. Klingt in der Theorie ganz
gut, überzeugt aber nicht: In anderen Berufen sind die
Investitionen, die man machen muss, um dort erfolgreich
zu sein, viel höher – lassen sich zwölf Semester Jura vergleichen mit der Mühe, eine Bewerbungsmappe anzuferti-
gen und ein paar Kurse zu absolvieren, in denen man lernt,
mit einem Buch auf dem Kopf herumzustolpern?

Also brauchen wir eine andere Idee. Wie wäre es mit der
Fußballertheorie: Ein Supermodel kann nur wenige Jahre
ein Supermodel sein, sobald der Zahn der Zeit ein wenig
an ihr oder ihm geknabbert hat, ist es aus mit dem Lauf-
steg-Ruhm. Also hat man als Model nur wenig Zeit, um
sein Einkommen zu verdienen, das dann möglicherweise
für den Rest des Lebens reichen muss – wenn man es
nämlich aufgrund des anstrengenden Jobs versäumt hat,
sich auf eine Karriere nach dem Leben als Model vorzu-
bereiten. Das ist ähnlich wie bei einem Fußballer: Man
hat nur ein geringes Zeitfenster, um genügend Geld bei-
seitezuschaffen, das für den Rest des Lebens reichen muss,

da man in der Zeit, in der man sich auf einen anderen Job hätte vorbereiten können, gearbeitet hat. Diese Idee klingt schon überzeugender, aber reicht sie, um die hohen Modelgehälter zu erklären? Immerhin kann diese Theorie nicht erklären, warum nur wenige Models so gigantisch hohe Gagen bekommen, während ein Großteil der Models bedeutend weniger verdient.

Die letzte Beobachtung ist möglicherweise der Schlüssel zu einer weiteren Erklärung, die speziell auf die wenigen wirklichen Supermodels zugeschnitten ist: Möglicherweise ist das hohe Gehalt der Klums und Bündchens dieser Welt dem Umstand geschuldet, dass diese Damen etwas geschaffen haben, was einzigartig ist – eine Marke. Warum bezahlt ein Modeunternehmen so viel für Frau Bündchen? Wegen ihres Wiedererkennungswertes. Ihr Gesicht ist weltweit so bekannt, dass der Eingeweihte sie sofort erkennt und sie somit eine besondere Werbekraft hat, bei dem sich der Glamour dann automatisch auf das Produkt überträgt, das Frau Bündchen bewirbt.

Das kann erklären, warum es nur wenige Models gibt, die so enorm hohe Gagen bekommen: Es kann nur wenige Modelmarken geben. Und diese Idee kann das Phänomen Heidi Klum erklären: Frau Klum hat es geschafft, ihre Marke über die aktive Modelzeit hinwegzuretten, jetzt nutzt sie ihre Marke, um damit andere Geschäfte zu machen, beispielsweise Fernsehsendungen.

Jetzt können wir verstehen, warum auch Schauspielerinnen
den Laufsteg entern: Sie sind ebenfalls eine Marke, und
transferieren diese Marke aus dem Schauspielgeschäft auf
das Modelgeschäft, sehr zum Ärger ihrer gelernten Kon-
kurrentinnen. Den anderen Weg – Models als Schauspieler
– gibt es auch, interessanterweise ist diese Richtung aber
weniger ausgeprägt und erfolgreich. Offenbar gehört zum
Schauspielern etwas mehr als gutes Aussehen – auch wenn
das nie schaden kann.

Spontan-solidarisches Parallelverhalten
Warum hat der Glühwein an jedem Stand den gleichen Preis?

So ein Weihnachtsmarkt ist eine schöne Sache: Bei klirrender Kälte mit den Liebsten an weihnachtsmusikumschmeichelten Verkaufsständen vorbeischlendern, den Duft von Zimt, Anis und Lebkuchen einatmen und dann einen Boxenstopp an einem Glühweinstand machen und sich darüber freuen, dass das heiße Glas die kalten Finger wärmt.

Wenn die Finger etwas wärmer und damit wieder beweglicher sind, greift man noch einmal nach der Geldbörse und stellt fest, dass dieser Glühwein ganz schon teuer war – sollte man den nächsten Glühwein nicht an einem anderen Stand zu sich nehmen? Die Idee ist richtig, scheitert jedoch an der Umsetzung: Merkwürdigerweise kostet der Glühwein an allen Ständen das Gleiche. Diese Beobachtung ist nicht jahreszeitlich bedingt: Auch bei Sommerfesten stellt man fest, dass viele Getränke an allen Ständen immer das gleiche Geld kosten – doch warum?

Die erste Erklärungsidee ist einfach und den Betreibern der Stände eher wohlgesonnen: Handelt es sich überall um den gleichen Glühwein, so kostet dieser in der Herstellung stets das gleiche Geld – was bedeutet, dass man als Anbieter auch den gleichen Preis nimmt. Würde ein Anbieter seinen Glühwein nur ein wenig teurer anbieten, so würden alle Kunden zu den anderen Ständen eilen, um sich dort eine

rote Nase anzutrinken, weswegen der teure Glühwein vom
(Weihnachts-)Markt verschwinden wird.

In der Sprache der Ökonomen nennt man diesen Zustand
perfekten Wettbewerb: Viele Wettbewerber konkurrieren
mit gleichen Produkten um Kunden, die perfekt informiert
sind und deshalb die teureren Anbieter mit Kaufentzug
strafen – und am Ende eines solchen Wettbewerbs verlangen
gen alle Anbieter den gleichen Preis, und zwar den Preis,
der den Verkauf des Produktes gerade noch rentabel macht,
sehr zur Freude der Konsumenten, die den Glühwein so
günstig wie möglich bekommen.

Nun gut, das klingt logisch, aber mal ehrlich: Welcher
Markt ist schon so perfekt, dass jeder Kunde über alle
Anbieter informiert ist und es so viele Anbieter gibt, die
sich um den Kunden rangeln? Unser Weihnachtsmarkt
gehört vermutlich nicht dazu. Zwar dürfte es für die
Weihnachtsmarktbesucher möglich sein, sich einen raschen
Überblick über die Glühweinpreise an den verschiedenen
Ständen zu verschaffen, aber eine andere Bedingung des
perfekten Wettbewerbs dürfte nicht erfüllt sein: Es gibt zu
wenige Anbieter.

Die Beobachtung, dass es nur wenige Anbieter von Glühwein gibt, führt uns zur Erklärung Nummer zwei, warum
der Glühwein überall das Gleiche kostet: Absprachen. Die
Glühweinanbieter sind aufgrund ihrer geringen Anzahl in
der Lage, sich vor der Eröffnung an einen Tisch zu setzen

und gemeinsam einen Preis festzulegen, der ihnen angenehm scheint – was gleichbedeutend damit ist, dass es für den Kunden zu teuer ist. Eine solche Konstellation weniger Anbieter wird in Lehrbüchern „Oligopol" genannt, und die Strategie, sich mit seinen Konkurrenten abzustimmen, wird „abgestimmtes Verhalten" genannt. Sie ist zum Schutze der Konsumenten verboten, wie man sich leicht vorstellen kann.

Das Problem eines solchen Verbotes von abgestimmten Verhalten ist allerdings, es den Anbietern nachzuweisen: Nicht immer haben die Wettbewerbsbehörden, die auf die Einhaltung dieses Verbotes achten, so viel Glück wie im Falle zweier amerikanischer Fluggesellschaften: Die Vorstände der beiden Gesellschaften telefonierten miteinander, und im Verlauf dieses eher rustikal geführten Gespräches erklärte ein Vorstand dem anderen, dass man die ******- Preise ver***** noch mal gemeinsam festlegen könne, wie man wolle, die ver******* Behörden seien eh nicht in der Lage, das ver***** noch mal aufzuhalten. Waren sie leider doch, da sie das Telefonat der beiden Herren ver***** noch mal abhörten. Telefonate, E-Mails, unzufriedene Mitarbeiter oder Ehefrauen sind oft die besten Verbündeten der Wettbewerbsbehörden.

Wenn es aber keine verräterischen Telefonate oder rachsüchtigen Ex-Angestellten gibt, steht die Kartellbehörde vor einem Problem: Wie weist man den Anbietern nach, dass sie sich absprechen und damit vor dem Wettbewerb

drücken? Da wäre natürlich der Befund, dass alle Glüh-
weine den gleichen Preis kosten – ist das nicht Beweis
genug? Leider nein, denn unsere Anbieter können ja auf die
Idee des perfekten Wettbewerbs verweisen. Etwas wehlei-
dig werden sie sich zur Wehr setzen: Der Wettbewerb im
Glühweingeschäft sei eben so hart, dass zwangsläufig alle
Anbieter den gleichen Preis verlangen müssen – das habe
dann ja gar nichts mit Absprachen zu tun, sondern mit dem
riesigen Wettbewerbsdruck. Ehrlich.

Nun spricht ja die Tatsache, dass es nur wenige Anbieter
auf dem Glühweinmarkt gibt, gegen die Idee, dass dort
perfekter Wettbewerb herrscht, aber vielleicht haben sich
die Anbieter in der Tat nicht abgesprochen – weil sie es gar
nicht müssen. „Spontan-solidarisches Parallelverhalten"
nennen das Wettbewerbsexperten und meinen damit Folgendes: Wenn es nur einige wenige Anbieter gibt, so können diese ihre Handlungen untereinander gut beobachten.
Glühweinstand A sieht, dass Glühweinstand B seine Preise
senkt, und merkt anhand seiner Umsatzzahlen, wie weh das
tut. Als Antwort darauf wird er seine Preise senken, was
zwar seine Verkaufszahlen wieder erhöht, aber nicht not-
wendigerweise seine Gewinne – schließlich hat er ja die
Preise gesenkt.

Das alles bleibt auch Glühweinstand B nicht verborgen, er
registriert, dass sein Konkurrent die Preise senkt, nachdem
er zuerst seine Preise gesenkt hat – und er bemerkt, dass
seine Preissenkung nun unterm Strich seine Gewinne

senkt. Zwar sind seine Verkaufszahlen nach der Preissenkung anfänglich gestiegen, doch nachdem auch Stand A seine Preise gesenkt hat, verteilen sich die Kunden wieder gleichmäßiger auf beide Stände, beide Stände verkaufen im schlimmsten Fall die gleiche Menge Glühwein zu geringeren Preisen – das tut weh.

Und da es nur wenige Anbieter sind, bemerken die Stände recht schnell, dass sich ein zermürbender Preiskampf untereinander nicht lohnt, sondern unterm Strich nur allen Anbietern schadet – also wird man sich auf einen Nicht-Angriffspakt einigen, bei dem kein Anbieter dem anderen wehtut. Im schlimmsten Fall geht das sogar nach oben: Stand A erhöht die Preise, in der Hoffnung, dass Stand B es ihm gleichtut, weil sich beide Anbieter dann womöglich besser stellen.

Dieses Beispiel zeigt, dass spontan-solidarisches Parallelverhalten vor allem einen Verlierer kennt: den glühweindurstigen, fingerwärmenden und fröstelnden Weihnachtsmarktbesucher, also den Kunden. Er muss höhere Preise zahlen. Um dieses Problem zu beseitigen, hilft nur eines: das Übel an der Wurzel packen. Und die Wurzel dieses Übels ist die geringe Anzahl der weihnachtlichen Glühweinstände und die wenigen Ausweichmöglichkeiten, die unsere armen Weihnachtsmarktbesucher haben. Hier steckt die Lehre für die Wettbewerbspolitiker: Der Versuch, den Unternehmen abgestimmtes Verhalten nachzuweisen, ist mühselig und dürfte oft zum Scheitern verurteilt sein.

Wer mehr Wettbewerb und billigeren Glühwein haben will, muss stattdessen versuchen, Ausweichmöglichkeiten für die Konsumenten zu schaffen, also mehr Wettbewerb. Damit wir nächstes Jahr den ein oder anderen Glühwein billiger trinken können.

„Das Rabattunwesen muss ein Ende haben", poltert es aus dem Radio. Irgendein Vorsitzender einer Einzelhandelsgemeinschaft wettert gegen die Unsitte des Rabattwesens, gegen „Geiz ist geil" und Schnäppchenmentalität, und malt in drastischen Farben die schlimmen, schlimmen Folgen dieses Unwesens aus: Eine Billig- und Ramschkultur, in der Qualität keine Rolle mehr spielt und am Ende wenige Billig-Anbieter alle gutmeinenden, ehrlichen Kaufleute verdrängen. Wer würde da als aufgeklärter, qualitäts- und verantwortungsbewusster Konsument nicht pflichtschuldig-besorgt mit dem Kopf nicken?

Ein Ökonom natürlich. Wer als Verbraucher denkt, hat ein einfaches Argument gegen die Rabatte-Phobie vieler Moralkonsumenten: Der Monat ist gemessen an dem Geld, das man für selbigen zur Verfügung hat, recht lang, weswegen Sonderangebote oder Rabatte eine echte Überlebenshilfe sind. Wie kommt jemand dazu, die Verbraucher dafür zu verurteilen, dass sie mit ihren knappen Mitteln haushalten wollen – oder sogar müssen? Ob man geizig sein will, ob man Markenprodukte oder Billigangebote kaufen will, sollte man den Konsumenten selbst überlassen – oder möchten Sie beim Einkaufen bevormundet werden?

Wer behauptet, Geiz sei nicht geil, muss erklären, woher man das Geld hernehmen soll, um nicht geizig zu sein.

Und er muss erklären, warum billig immer gleich schlecht
sein soll. Wer behauptet, billige Produkte seien stets
schlecht, unterstellt den Konsumenten, sie können nicht
beurteilen, ob das Preis-Leistungs-Verhältnis gerechtfertigt
ist und dass nur teure Waren gute Waren sind.

Aber natürlich hat Geiz Nachteile – nämlich für die Händler und Hersteller der Produkte, die verkauft werden sollen:
Je energischer man seine Brieftasche umklammert, umso
schwerer wird es für die Supermärkte, den ein oder anderen
Euro daraus zu entwenden. Wollen sie unsere Brieftasche
erleichtern, so müssen sie Rabatte gewähren, Tiefpreise aus-
rufen oder Staubsauger-Niedrigpreis-Aktionswochen pro-
klamieren – zu Lasten ihrer Gewinne. Das Ganze nennt sich
im Ökonomenmund Wettbewerb und nützt allen Konsumenten, egal ob Geizhals oder Verschwender. Geiz ist Pri-
vatsache – niemand zwingt die Händler, ihren Kunden
Rabatte einzuräumen.

Nun sehen aber die Einzelhändler diesen Wettbewerb ver-
ständlicherweise nicht gerne, und sie zücken ein Argument, warum dieser auf lange Frist auch den Konsumenten
schadet: Hat ein marktmächtiger Super-Supermarkt erst
einmal mit rabattesken Geiz-ist-geil-Kampfpreisen die
gesamte Konkurrenz verdrängt, so kann er anschließend,
wenn die ehemaligen Mitwettbewerber ihre Zeit beim
Konkursrichter totschlagen, die armen Konsumenten ausbeuten und Monopolpreise verlangen.

Nun soll man die Gefahr vermachteter Märkte nicht herunterspielen, aber zwei Einwände gegen dieses Argument gibt es allemal: Zunächst einmal sind Niedrigpreisverbote oder Appelle an Konsumenten kein Instrument, um solchen Problemen beizukommen. Bei Marktmacht ist der Ruf nach dem Kartellamt der wirtschaftspolitisch korrekte Weg – und so auch von der Politik vorgesehen.

Zum anderen hat dieses Marktmachtszenario einen Haken: Ein Monopolist kann einen Markt nur ausbeuten, wenn der Zutritt zu seinem Markt hinreichend teuer und schwierig ist. Treibt der Monopolist seine Preise zu hoch, nachdem er alle Konkurrenten vom Markt verdrängt hat, so werden seine fetten Monopolgewinne neue Anbieter anziehen, die versuchen, sich ein Scheibchen vom Monopolpreiskuchen abzuschneiden. Unter Umständen kann schon diese potentielle Konkurrenz den marktmächtigen Anbieter dazu veranlassen, es mit der Preisfindung zuungunsten der Kunden nicht zu übertreiben.

Wer also Wettbewerb will, sollte nicht den Preis als den zentralen Wettbewerbsparameter schlechtreden, sondern sich darum kümmern, dass Wettbewerb herrscht – egal ob tatsächlich oder potentiell. Ein konsumierender Ökonom jedenfalls darf, kann und wird sich auch weiterhin über Rabatte und Schnäppchen freuen. Und mal ganz ehrlich: Die meisten, die bei der Erwähnung des Rabattunwesens wissend-besorgt-zustimmend mit dem Kopf nicken, treffen wir beim nächsten Schnäppchenmarkt bestimmt wieder.

Haben wir wirklich gewusst, dass es so kommen wird?

Was gibt es Schöneres, als ein Fußballspiel nach dem Abpfiff zu analysieren? Da wird man zum Fußballexperten, und es war sonnenklar, dass es ein Fehler war, mit der Viererkette anzutreten, die roten Trikots zu nehmen oder den Stürmer zur Halbzeit unter die Dusche zu schicken. Und so wundert man sich rasch darüber, wie dem Trainer solche offensichtlichen Irrtümer unterlaufen konnten – wofür bekommt der Kerl eigentlich sein Gehalt? Schließlich haben achtzig Millionen Trainer es besser gewusst.

Aber wir haben nicht nur achtzig Millionen Fußballtrainer in Deutschland, sondern auch fast achtzig Millionen Industriekapitäne und ebenso viele Anlageexperten: War doch klar, dass der Dax nicht unter die 2.000-Punkte-Marke fällt, genauso, wie absehbar war, dass die Leute keine Benzinspar-Kleinwagen kaufen werden – wie konnten den Börsenexperten und Wirtschaftsführern nur solche Fehler unterlaufen?

Wenn man sich ein wenig in Bescheidenheit übt, so muss man diese Einschätzungen hinterfragen. In der Ökonomie verwendet man dazu die Begriffe ex ante und ex post: Ex ante heißt so viel wie „im Voraus", ex post heißt soviel wie „im Nachhinein". Und wann immer man Entscheidungen anderer Menschen hinterfragt, muss man zwischen diesen beiden Zuständen unterscheiden.

Ein klassisches Beispiel dafür ist die nach der Jahrtausend-Kursschmelze oft konstatierte Meinung, dass all diese Aktienfonds ja Mist sind – da hätte man in der Vergangenheit ja mit einem Sparbuch mehr Geld verdient. Diese Bemerkung ist ex post zwar richtig – aber unfair, denn ex ante ist sie falsch: Man hat mit der Entscheidung für die Aktienfonds sich die Chance auf einen höheren Ertrag eingekauft – nur dass man im Falle der jüngsten Baisse ex post statt der Chance eben das Risiko serviert bekam.

Ähnlich ist es mit unserem Fußballtrainer: Er hat mit der Auswechslung des Stürmers eine Option auf eine bessere Verteidigung gezogen, sich mit dieser Option aber zugleich auch einen weniger schlagkräftigen Sturm eingehandelt – und leider Pech gehabt. Wenn wir also Menschen ex post für ihre Fehlentscheidungen tadeln, so müssen wir uns fragen, ob die Folgen dieses Handelns, die nun offensichtlich sind, es auch zum Zeitpunkt der Entscheidung waren, oder ob man sich nicht einen anderen Ausgang der Entscheidung hätte vorstellen können.

Ähnlich verhält es sich mit der amerikanischen Immobilienkrise, deren Erscheinen und Folgen ja jeder vorausgesehen hat – merkwürdig nur, dass sie so viele Menschen unvorbereitet erwischt hat, und noch merkwürdiger, dass sie überhaupt passiert ist – hätte man sie doch verhindern können, wenn man darum gewusst hätte.

Wer sich vor Augen führen möchte, wie anfällig wir für Ex-ante-ex-post-Irrtümer sind, mache ein einfaches Experiment: Notieren Sie sich bei einer Entscheidung für eine Aktie, ein neues Auto oder den Tipp für die Wette die Begründung, warum Sie sich für die Aktie, das Auto und den Tipp entschieden haben. Es ist spannend, diese Aufzeichnungen zu einem späteren Zeitpunkt noch einmal zu lesen.

Kurzum – im Rückspiegel sind wir alle schlauer und können rasch dem Trainer, Anlageberater, Wirtschaftskapitän oder Unternehmer vorwerfen, dass er seinen Job schlecht gemacht hat. Das Problem dabei ist aber, dass man ihnen damit nicht gerecht wird – wenn sie den Wissensstand von heute schon gestern gehabt hätten, wäre ihre Entscheidung sicherlich anders ausgefallen.

Und das ist der Grund, warum wir im Wirtschaftsleben Wettbewerb brauchen: Ex ante weiß niemand hundertprozentig, welche Konsequenzen eine Entscheidung, eine Strategie oder eine Kampagne haben werden. Nur dadurch, dass viele verschiedene Akteure viele verschiedene Wege ausprobieren, finden wir die beste Lösung für ein Problem. Und unter all den Menschen, die sich an einem Problem versucht haben, unter all den Trainern, die einen Stürmer ausgewechselt haben, unter all den Anlegern, die in Finanzmarktprodukte investieren, finden sich nur wenige, die ex post für ihren Mut belohnt werden.

Das sind die Lösungen und Strategien, die uns alle reicher machen, und allein der Wettbewerb der Ex-ante-Meinungen führt uns in Form eines Entdeckungsverfahrens zu einer auch ex post besseren Welt, die im Rückspiegel das hält, was wir uns vorher von ihr versprochen haben.

Soll man seine Rinder brandmarken?

Samuel Augustus Maverick war ein schräger Kerl, dem seine Zeitgenossen ein gehöriges Maß an Kauzigkeit bescheinigten. So weigerte er sich beispielsweise, seine Rinder zu brandmarken, wie es die anderen Rancher taten – angeblich, weil er die Tiere nicht quälen wollte. Immerhin verdankt Maverick es dieser Eigenwilligkeit, dass sein Name Eingang in den amerikanischen Sprachgebrauch gefunden hat – als Maverick gilt in Amerika jemand, der sich gegen die etablierte Meinung stellt und gegen den Strom schwimmt.

Das ist nicht immer ein einfaches Leben, stets auf Konfrontation mit dem Rest der Menschheit zu sein, aber offenbar macht es Spaß, denn Beispiele für Mavericks im zwischenmenschlichen Bereich finden sich zuhauf: Da stellt sich einer kraftstrotzend gegen den Rest der Welt und erklärt ihr, dass all das etablierte Zeug – Ideen, Meinungen, Werturteile – Unfug ist. Kann das ökonomisches Verhalten sein?

Auf den ersten Blick nein. Wer kann Interesse daran haben, sich gegen den Rest der etablierten Menschheit zu stellen? Vielleicht kann ein Blick auf die Anreize helfen, einer solchen Strategie etwas Rationales abzugewinnen. Nehmen wir einmal an, es ist die etablierte Meinung, dass Frauen und Männer gleichberechtigt sein sollen – in jeder Gazette liest man es, aus jedem Radio tönt es einem entgegen, und in jedem Fernsehinterview wird es politisch-korrekt und zustimmungsheischend heruntergebetet. Und auf einmal kommt jemand daher und vertritt die völlig gegenteilige Auffassung: Frauen, so vernehmen wir auf einmal, sollen sich doch bitteschön um Kind und Küche kümmern. Natürlich sind wir alle erschüttert und stürzen uns auf den oder die Urheberin dieser Thesen, die wir in Talkshows, Interviews, Buchbesprechungen und Leitartikeln zerpflücken.

Hat der oder die Urheberin dieser Ideen rein emotional, trotzig und unökonomisch gehandelt? Vielleicht nein, wenn man über Anreize nachdenkt: Wer solche Thesen äußert, die quer zur herrschenden Meinung liegen, kann sich seiner Auftritte in Talkshows, auf Buchmessen und Podiumsdiskussionen sicher sein – und auch der damit verbundenen Einnahmen. Damit wird diese Maverick-Strategie, wie man sie nennen kann, sehr lukrativ. Im Grunde verhält sich unser Maverick marktwirtschaftlich: Er hat eine Marktlücke entdeckt, nämlich eine Meinungsmarktnische, die bisher noch niemand besetzt hat, und die deswegen für einen einzelnen Nischenanbieter recht lukrativ ist. Und für eine gute Bezahlung kann man ein wenig kollektive Schelte akzeptieren, oder?

Diese Strategie funktioniert in fast allen Belangen des menschlichen Miteinanders, beispielsweise in der wirtschaftspolitischen Beratung: Da behaupten alle Wirtschaftsprofessoren, dass die Probleme der Bundesrepublik nicht konjunktureller, sondern struktureller Natur sind. Alle Wirtschaftsprofessoren? Nein, nicht alle, es finden sich wenige, die glauben, wir müssten nur mehr Geld ausgeben, und schon verschwänden unsere Probleme. Sofort stürzt sich die mediale Meute auf unsere Konjunktur-Mavericks, um ihnen eine Plattform für ihre Ideen zu bieten und sie in der Öffentlichkeit bekannter zu machen als all die anderen großen Namen der Zunft, die staunend an der Seitenlinie stehen und sich wundern, warum sich ihre schwerfälligen, formelbeladenen und fremdwortgespickten Traktate nicht verkaufen.

Am lukrativsten kann eine solche Maverick-Strategie an den Kapitalmärkten werden: Wer gegen den Lauf der Herde investiert, kann bei entsprechend langem Atem damit rechnen, dass die Märkte auch eines Tages wieder in seine Richtung laufen. Das ist gleichzeitig eine alte Börsenweisheit: Kaufen, wenn die Kanonen donnern, wenn also alle anderen verkaufen.

Begünstigt wird die Maverick-Strategie dadurch, dass es immer ein paar Personenkreise gibt, denen solche Thesen gut ins Konzept passen. So freut sich jeder Macho, wenn die Frau auf die in seinen Augen angemessene Rolle reduziert wird, jeder Gewerkschaftler jubelt, wenn er erfährt, dass die Lösung all unserer Probleme höhere Löhne sind, und jeder Spargroschenhamster und Zinsfreund hört gerne die Geschichte vom kommenden Aktien-Armageddon.

88   Das Schöne an marktwirtschaftlichen Systemen ist ja, dass jede Nachfrage auch ihr Angebot findet, wenn sie nur deutlich genug artikuliert wird. Und das gilt nicht nur für die Nachfrage nach Gütern, sondern auch für die Nachfrage nach Meinungen. Und so (er)füllen unsere Mavericks eine marktwirtschaftliche Aufgabe im Streit der Meinungen – und nebenbei auch ihre eigenen Taschen.

Dass eine Maverick-Strategie clever sein kann, wusste auch Samuel Maverick: Dank seiner Weigerung, seine Rinder zu brandmarken, konnte er jedes Rind in der Nähe seiner Ranch, das kein Brandzeichen trug, als das seinige beanspruchen. Na, so was.

Können Fußballvereine sich gegen ihre Spieler verschwören?

Nervt es Sie auch, dass manche Fußballer in einem Jahr mehr
verdienen als ein Normalsterblicher in 40 Jahren herkömm-
licher Lohnsklaverei? Kann man denn mit der grobmotori-
schen Fähigkeit, eine aufgeblasene Lederkugel mit den Füßen
zu transportieren, so viel Geld verdienen? Offenbar kann
man, und die Liste der Gründe ist vielfältig. Einer der Gründe für die hohen Fußballergehälter sind natürlich die Vereine:
Warum zahlen sie diesen Lederkugelschiebern so viel Geld?

„Weil die Spieler diese fordern", ist als Antwort auf diese
Frage unbefriedigend: Ohne die Vereine sind die Spieler
nichts, die Vereine sind es, die teure Stadien betreiben und
das ökonomische Risiko tragen – warum können sie die
Spielergehälter nicht besser im Zaum halten? Natürlich
weil es einen Wettbewerb um die Spieler gibt: Der Verein
aus München überbietet beim Gerangel um den neuen
Mittelfeldstar den Verein aus Mainz – und der Profiteur
dieses Wettbewerbs ist der Mittelfeldstar. Aber warum setzen sich die Vereine nach Anpfiff nicht einmal an einen
Tisch und vereinbaren, ihren unverschämten Angestellten
einfach die Gehälter zu kürzen? Wenn alle Vereine mitma-
chen, dann laufen die unverschämten Lohnforderungen der
Spieler doch ins Leere.

Überlegt man sich die strategischen Optionen der Vereine, so
erkennt man, dass dieser Versuch leider zum Scheitern verur-

teilt ist. Nehmen wir der Einfachheit halber an, die Liga bestehe nur aus zwei Vereinen: den Bayern aus München und dem FSV Mainz 05. Beide haben vereinbart, die Spielergehälter niedrig zu halten. Halten sich beide an diese Vereinbarung, so wird es eine billige Saison. Nun aber kommen die schlitzohrigen Bayern auf die Idee, den Spielern zum Gehalt ein kleines Handgeld draufzuzahlen, was sofort dazu führt, dass die besten Spieler zu den Bayern kommen und Mainz die Saison und damit viel Geld verliert.

Nun sind die Mainzer ja nicht auf den Kopf gefallen und wissen um die Verlockungen, denen die Bayern ausgesetzt sind. Sie stehen nun vor folgenden Optionen: Sie können sich an die Vereinbarung halten und damit die Saison riskieren, oder aber sie behumsen ebenfalls, wie man in Rheinhessen sagt, zahlen höhere Gehälter und reduzieren damit die Wahrscheinlichkeit, die Saison zu verlieren, weil sie sich an die Absprache gehalten haben.

Mogeln ist also eine extrem attraktive Strategie: Bleiben die Bayern sauber, gewinnen die mogelnden Mainzer die Saison, sind die Bayern ebenfalls vertragsbrüchig, wären die Mainzer mit der ehrlichen Strategie deutlich schlechter bedient.

Das Dumme daran ist, dass die Bayern genau die gleichen Überlegungen anstellen wie die Mainzer und zum gleichen Ergebnis kommen – auch für sie ist es immer besser, die Absprache zu ignorieren. Damit ist das Ergebnis klar: Die Absprache der beiden Vereine kann nicht funktionieren,

weil „Mogeln" für beide Vereine eine dominante Strategie
ist – also immer attraktiver als alle anderen Optionen.

Was hier in so einfachen Überlegungen dahergeschlichen
kommt, ist das sogenannte Gefangenendilemma: Obwohl
eine Kooperation beide Parteien besserstellen würde,
bekämpfen sie sich, weil strategische Überlegungen zu der
Erkenntnis führen, dass Mogeln immer die beste Strategie
ist, egal, was die Gegenseite macht.

Nehmen wir einmal das OPEC-Ölkartell: Hält sich jedes
Kartellmitglied an die Vereinbarung, die Preise hochzuhal-
ten, machen alle einen guten Schnitt. Doch wer sich als Kartellmitglied nicht an die Vereinbarung hält, kann mit einem
kleinen Preisnachlass viele gute zusätzliche Geschäfte
machen, vor allem, wenn sich die anderen Mitglieder des Kar-
tells an die Vereinbarung halten. Da das aber wiederum alle
Kartellmitglieder wissen, kommen sie rasch zu dem Schluss,
dass es besser für sie ist, ebenfalls zu mogeln – obwohl es für
alle besser wäre, wenn sich jeder an die Vereinbarung hielte.

Dieses Dilemma tritt in der Wirtschaft permanent auf: Soll
man einen Preiskrieg anzetteln? Soll man ein Kartell bilden? Soll man sich auf eine Werbeschlacht einlassen? Was
den Wettbewerb angeht, so führt dieses Dilemma allerdings zu für die Konsumenten positiven Ergebnissen, da es
eine Preisabsprache der Anbieter verhindern kann. Dafür
wollen wir grummelnd ein paar überbezahlte Balltreter in
Kauf nehmen, oder?

Exit and voice
Sollen wir in die Disco gehen?

Wer des Abends in eine Disco stolpert, macht sein Wohl-befinden von einem sehr wichtigen Umstand abhängig: Wenn die Musik, die der Disc-Jockey – Plattenaufleger klingt so nach Handwerker – spielt, nicht den eigenen Ohren und Füßen gefällt, wird der Versuch, die Freizeit über die Mitternachtsstunde auszudehnen, rasch beendet. Und oft ist man mit der Meinung über die Künste des Plattentellerakrobaten nicht allein: Je schlechter die Musik, umso mehr Menschen drängeln sich an der Garderobe und umso weniger Vergnügungsgewillte hüpfen über die Tanz-fläche. Schlimm für die Bedienung, den Besitzer und die armen Gäste, die kein Auto haben oder bereits so abgefüllt sind, dass es für sie wenig Zweck hätte, sich nach einer anderen Betrink-Behausung umzusehen: Sie bleiben zurück, in einer leeren Disco, beschallt von schlechter Musik.

„Abstimmung mit den Füßen" respektive „Exit" nennen Ökonomen das leicht nachvollziehbare Verhalten derjeni-gen, die in Richtung Ausgang flüchten: Ist man mit seini-gem Aufenthaltsort unzufrieden, so zieht man die Konse-quenzen aus seinem Missmut und sieht sich nach einer neuen Bleibe um. So trivial dieser Gedanke ist, so mächtig ist er: Indem wir mobil sind, können wir uns missliebigen Dingen entziehen. Und im Normalfall zwingt diese Mobi-lität der Gäste den Musik-Jockey dazu, seinen eigenen

Musikgeschmack hintanzustellen und das zu spielen, was
die Gäste hören wollen. Dieser Mechanismus sorgt dafür,
dass gregorianische Choräle ebenso selten in Discos laufen
wie biertischselige Dicke-Backen-Musik oder die größten
Hits von Dieter Bohlen.

Pech nur für diejenigen, die nicht mobil sind, denn ihnen
geht es wie den an- und betrunkenen Gästen in der Disco:
Sie können sich nicht wehren.

Natürlich denken Ökonomen nicht an Discos, wenn sie
über die Abstimmung mit den Füßen reden, sie haben vielmehr Bürger im Sinn, die mit der Politik ihrer Regierung
unzufrieden sind. Jahr für Jahr verlassen viele Deutsche ihre
Heimat, und die Unzufriedenheit mit den hiesigen
Umständen dürfte dabei eine große Rolle spielen: Zu hohe
Steuern, zu viele Regulierungen, zu wenig Freiheiten – die
Liste der Gründe, sich für andere Länder zu entscheiden, ist
lang. Auffällig dabei ist, dass es sich bei den Auswanderern
vor allem um junge, gut ausgebildete Menschen handelt –
sie sind mobil und ungebunden genug, um ihren Unmut
per Fußabstimmung zu bekunden. Das sind sozusagen die
Disco-Besucher, die noch nicht betrunken sind – sie stimmen mit den Füßen ab und geben den politischen Disc-
Jockeys miese Noten.

Wer hingegen zu alt, zu gebunden oder zu spezifisch qualifiziert ist, um den Sprung ins Ausland zu wagen, bleibt
zähneknirschend im Lande und erträgt tapfer die schlechte

Musik, die unsere Politiker täglich aufspielen. Ihnen bleibt nur eine etwas subtilere Form der Abstimmung mit den Füßen: Schwarzarbeit, Arbeitsverweigerung, Steuerhinterziehung und all die anderen Möglichkeiten, sich dem packenden Zugriff des Staates zu entziehen. Diese Form der Abstimmung mit den Füßen gilt nicht nur für Menschen, sondern auch für Münzen: Es ist vor allem das Kapital, das mit seinen Füßen abstimmt, sich scheu wie ein Reh und leichtfüßig wie eine Bergziege nationalen Steuern und Regeln entzieht.

Wenn der Staat also seinen Bürgern Steuern und sonstige Lasten auferlegt, muss er fragen, welches die mobilen Produktionsfaktoren sind, und diese darf er – allem Jammern zum Trotz – nur vorsichtig besteuern, sonst geben sie Fersengeld. Zurück bleiben die immobilen Produktionsfaktoren, diese müssen dann die gesamte Steuerlast tragen – oder andere Wege finden, sich dieser Last zu entziehen. Ihnen bleibt lediglich die Option, die Ökonomen als „voice" bezeichnen: Sie beschweren sich lautstark respektive wählen ihre Regierung ab. In unserer Disco werden in diesem Fall die zurückgebliebenen Gäste anfangen, mit Gläsern und Aschenbechern nach dem Disc-Jockey zu werfen – eine recht lebensnahe Vorstellung.

Diese Überlegung bedeutet allerdings nicht, dass man mobile Produktionsfaktoren gar nicht besteuern darf: Solange die Begleitmusik zu diesen Steuern – ein gutes Rechtssystem, eine solide Infrastruktur und produktive

Arbeitskräfte – stimmt, werden auch diese Produktionsfaktoren ihren Teil der Steuern tragen, anstatt ihre Füße zu
bemühen.

Wenn die Musik stimmt, ist man gerne bereit, Eintritt zu
zahlen und ein wenig zu verweilen.

Einmal im Jahr tobt er, der europäische Meistersingerwett-
streit: An einem launigen Samstag im Mai treffen sich die
Gesandten des europäischen Liedgutes auf dem Grand Prix
und machen unter sich aus, welches Lied denn das schönste
auf dem Kontinent sei: Ukrainische Hupfdohlen, englische
Schnulzensänger, französische Chanson-Diven und deutsche Casting-Zappel-Girlgroups finden sich zu einer lär-
menden, nicht enden wollenden Show zusammen, um den
besten der europäischen Meistersinger zu ermitteln. Genau
genommen machen das die Europäer unter sich aus, da die
Abstimmung über das beste Lied per Telefon erfolgt – jeder
Europäer kann anrufen und mit seinem Anruf seine Meinung darüber kundtun, welches die schönste Weise Euro-
pas sei. Das klingt sehr demokratisch und marktnah – doch
bei näherem Hinsehen offenbart dieser Abstimmungsmechanismus einige Makel.

Wie funktioniert das? Jedes Land darf für jedes Lied – außer
dem eigenen – anrufen, und das Lied mit den meisten
Stimmen aus dem betreffenden Land bekommt die Höchstpunktzahl, das Lied mit der zweithöchsten Stimmenzahl
die zweithöchste Punktzahl und so weiter. Zum Schluss
werden die Punkte zusammengezählt und der strahlende
Sieger darf ein zweites Mal singen, während er im Hinterkopf bereits vom neuen Ruhm berauscht den ersehnten
Porsche bestellt.

Das klingt ganz vernünftig, doch das Problem an diesem
Abstimmungsmechanismus liegt in der fehlenden Gewichtung der Punkte: Wenn beispielsweise ein Lied in Bosnien-
Herzegowina die meisten Stimmen bekommt, bekommt es
die Höchstpunktzahl – ebenso wie das Lied, das im bevöl-
kerungsreicheren Deutschland die meisten Stimmen
erringt. Und jetzt die Grand-Prix-Gretchenfrage: Ist die
Höchstpunktzahl aus Bosnien-Herzegowina genauso viel
wert wie jene aus Deutschland? Hinter der bosnischen
Höchstpunktzahl stehen vielleicht ein paar Tausend Anrufe, hinter der deutschen einige Hunderttausend. Das Problem ist klar – haben die wenigen Stimmen aus Bosnien-
Herzegowina das gleiche Gewicht wie die vielen Stimmen
aus Deutschland?

Wer auf Länderproporz abstellt, wird diese Frage bejahen,
wer aber auf die Gesamtmeinung aller Europäer ohne Anse-
hen der Nationalität abstellt, wird diesen Abstimmungsmechanismus merkwürdig finden. Diese Frage taucht nicht
nur bei Sangeswettbewerben auf, sondern beispielsweise
auch bei der Besetzung internationaler Gremien: Sollen die
Litauer in der EU, im Internationalen Währungsfonds oder
in der Internationalen Sockenstandardisierungskommission
das gleiche Stimmgewicht bekommen wie die Franzosen
oder die Deutschen?

Ein ähnliches Problem hatte auch die Weltbank, als sie in
einer Studie erklärte, dass die Ungleichheit in der Welt in
den vergangenen 20 Jahren zugenommen hat. Diese Studie

98   hatte aber einen Grand-Prix-Fehler: Die Weltbank hatte
bei der Berechnung der Einkommensverteilung in der Welt
jedes Land gleich gewichtet. Mit anderen Worten: Die Tatsache, dass die zwei Milliarden Menschen in China und
Indien in den vergangenen Jahren an Wohlstand gewonnen
haben, floss in die Berechnungen der Weltbank mit dem
gleichen Gewicht ein wie der Umstand, dass in einigen
afrikanischen Staaten mit einer Bevölkerung von zusammen nicht einmal 200 Millionen Menschen die Armut
zugenommen hatte. Da hört man schon den Moderator
„Ghana – 12 Punkte" rufen.

Ein Ausweg aus diesem Dilemma ist das, was Statistiker
„Gewichtung" nennen: Man berücksichtigt bei der Erfassung
solcher Werte auch die Anzahl der Merkmalsvertreter. Man
gewichtet beispielsweise die Stimmrechte der Vertreter in der
Internationalen Sockenstandardisierungskommission mit der
Bevölkerungszahl des Landes; die Stimme des Vertreters aus
Tennissockenland wird dann doppelt gezählt, weil es doppelt
so viele Einwohner hat wie Wollstrumpfland.

Ein wichtiges Feld, wo man diese Gewichtung anwenden
muss, ist natürlich unsere Inflationsrate, die letztlich nichts
anderes ist als der Durchschnittspreis all unserer Güter. Würden wir den Preisanstieg jedes Gutes mit dem gleichen
Gewicht berücksichtigen, hätten wir absurde Inflationsraten.

Ein einfaches Beispiel macht das deutlich: Nehmen wir an,
unsere Wirtschaft stellt nur zwei Güter her – Bier und Mathe-

bücher. Jedes Jahr kaufen wir zehn Bier und ein Mathebuch,
beide kosten jeweils nur einen Euro. Steigt nun der Preis für
Mathebücher auf zwei Euro, also um 100 Prozent, dann
berührt uns das nicht sonderlich, solange der Bierpreis stabil
bleibt. Würden wir unsere Inflationsrate ungewichtet berechnen, so kämen wir auf eine Inflation von 50 Prozent – null
Prozent Bierinflation und 100 Prozent Mathebuch-Inflation
macht im Schnitt 50 Prozent. Das ist albern.

Wenn wir aber nun die beiden Güter mit ihrem Anteil an
unserem Warenkorb gewichten – Bier mit dem Faktor zehn
und Mathe mit dem Faktor eins, so kommen wir auf eine
Inflationsrate von rund 9 Prozent, nämlich zehnmal null Prozent Bierinflation plus einmal 100 Prozent Matheinflation
geteilt durch elf, was der Realität auch deutlich näher
kommt.

Bei unserem Grand Prix geht das sogar noch genauer: Wer
hier ermitteln will, welches Lied die Mehrheit der Europäer
am besten findet, muss alle Anrufe zusammenzählen,
anstatt die Anrufe für jedes Land einzeln zu sammeln und
dann mit einer Zahl zu versehen. Als Ökonom muss man
mit diesem Verfahren immer noch unzufrieden sein: Wer
die Punktevergabe beobachtet, stellt fest, dass sich die
Nachbarländer im Anrufwettbewerb stets gegenseitig die
Punkte zuschanzen – da geht die Höchstpunktzahl aus
Litauen an Lettland und umgekehrt. Warum das funktioniert, ist klar: Ein Anruf kostet nicht viel. Also tut man den
Nachbarn mal einen kleinen Gefallen oder reist über die

Grenze, um dem eigenen Land einen Grand-Prix-Gefallen zu tun, egal, ob man das Lied mag oder nicht.

Wer als Ökonom herausfinden will, welches das beliebteste europäische Lied ist, dem bleibt nur eine Zahl: Er muss feststellen, welches Lied sich am besten verkauft – nur wenn Menschen mit ihrer Brieftasche abstimmen, offenbaren sie ihre wahren Vorlieben. Im Grunde könnte man den Sieger des Grand Prix also erst ein Jahr später küren, wenn Verkaufszahlen vorliegen – aber das verträgt sich nicht mit einer glänzenden Fernsehshow.

Also werden wir auch die kommenden Jahre per Telefon tapfer über ukrainische Hupfdohlen und belgische Schmachtsänger abstimmen – wohl wissend, dass man das als Ökonom nicht ganz so ernst nehmen sollte.

Kinderspielzeug kann so viel Spaß machen und so inspirie-
rend sein. Nehmen wir beispielsweise diese lustigen
Metallfedern, die Treppen hinunterhüpfen: Man stellt die
spiralförmigen Federn am oberen Treppenabsatz auf,
schubst sie an, woraufhin das obere Ende der Feder auf die
untere Treppenstufe fällt und der Rest dieser niedlichen
Konstruktion nachgezogen wird. Durch den Schwung, den
die Feder beim Herunterfallen bekommen hat, wird sie auf
die nächste Treppenstufe befördert, und von dieser auf die
nächste Stufe. Das Ganze wirkt dann wie ein Perpetuum
Mobile: Einmal angeschubst, macht sich die Feder selb-
ständig und hüpft fröhlich Stufe um Stufe herab, immer
weiter, scheinbar ohne Ende.

Natürlich wissen wir, dass die Feder irgendwann aufhören
wird, nach unten zu hüpfen, spätestens, wenn das Ende der
Treppe erreicht ist – und dennoch findet sich in den
Diskussionen der Erwachsenen, die solche Spielzeugfedern
offenbar nicht kennen, die Idee, dass eine solche Feder auf
ewig Treppenstufen hinunterpoltern kann.

Im Fachmund nennt sich diese Spiralfeder-Theorie „race to
the bottom" und beschreibt die Idee, dass bei der Existenz
von Wettbewerb Anbieter sich so lange gegenseitig her-
unterkonkurrieren, bis die Preise praktisch null sind und
eine gesamte Branche Treppenstufe um Treppenstufe in den

Abgrund gehüpft ist. Das klingt auf den ersten Blick einleuchtend, aber hat man ein solches Rennen die ganze Treppe hinab schon einmal gesehen?

Ähnlich wie in der physischen Welt gibt es auch in der
Ökonomie wenig Hinweise darauf, dass sich ein Rennen auf
den Grund tatsächlich so ereignet, wie es die Verfechter
dieser Theorie vermuten, und der Grund dafür ist ein zwin-
gender: Kein Anbieter bietet langfristig ein Produkt unter
seinen Herstellungskosten an. Sobald der Preis so weit fällt,
dass sich die Produktion des Gutes nicht mehr lohnt, wird
der Anbieter aus dem Markt ausscheiden.

Ha, aber ist das nicht der Beweis für die Verelendungsidee?
Nicht ganz, jedenfalls nicht, solange noch Anbieter im
Markt bleiben, trotz der gesunkenen Preise. Warum sie im
Markt bleiben, ist klar: Sie können das betreffende Produkt
billiger anbieten als ihre Konkurrenten, sind damit leis-
tungsfähiger und sozusagen die Sieger des Wettbewerbs.
Und die Kunden profitieren von diesem Rennen, bleiben
doch zum Schluss diejenigen Anbieter übrig, die das betreffende Gut zum günstigsten Preis anbieten.

Damit ist klar, wer die Menschen sind, die sich über das
„race to the bottom" beschweren: Es sind vor allem diejenigen Produzenten, die fürchten, dass sie teurer als die Konkurrenz sind. Und im Zweifelsfall ist auch der günstigere
Produzent bereit, weiterhin einen höheren Preis zu verlangen, da es seine Gewinne nicht gerade schmälert. Aus die-

ser Perspektive entpuppen sich die Klagen über das „race to the bottom" als Klage der Produzenten, dass sie es ihren Kunden billiger und rechter machen sollen. Aber es klingt besser, wenn man sich auf pseudowissenschaftliche Halbweisheiten beruft, statt den Kunden zu sagen, dass man keinen Nerv hat, sich anzustrengen.

Jetzt kommt natürlich der Einwand, dass dieser Wettbewerb auf Kosten der Qualität ausgetragen wird. Kann das sein? Grundsätzlich ja, doch die Antwort der Konsumenten wird entsprechend sein: Solange sie in der Lage sind, Qualität zu erkennen, werden sie bereit sein, dafür zu bezahlen, und schlechte Qualität werden sie mit Liebes- respektive Kaufentzug bestrafen. Wer die Qualitätskarte spielt, unterstellt damit zugleich, dass die Konsumenten zu dämlich sind, die Qualität des Produktes einzuschätzen. Das passiert einem Konsumenten aber in der Regel nur einmal, nämlich beim ersten Kauf; zweimal lässt man sich als Konsument nicht an der Nase herumführen.

So, jetzt bleibt noch eine Frage offen: Sehen wir nicht immer wieder Beispiele für Branchen, die komplett vom Erdboden verschwinden? Ja, das sehen wir in der Tat, doch das ist keine Folge des „race to the bottom", sondern einer sich ändernden Welt: Produkte veralten, Kunden wollen neue Dinge, neue Produkte verdrängen alteingesessene Güter – und die Hersteller solcher überholten Güter verabschieden sich aus dem Markt. Das hat aber etwas mit Geschmack, Zeitgeist und technischem Fortschritt zu tun, nicht mit Sprungfedern, die ohne Ende die Treppe hinunterhüpfen.

Aber gibt es nicht im Zuge der Globalisierung ein Rennen auf den Abgrund? Werden die billigen Chinesen dafür sorgen, dass wir zum Schluss ohne Arbeit dastehen, die in ein bodenloses Globalisierungsfass gefallen ist? Das ist aus zwei recht pragmatischen Gründen nicht zu erwarten: Erstens werden die Chinesen ihre billigen Importe nur zu uns nach Hause liefern, wenn sie dafür eine Gegenleistung bekommen, und diese Gegenleistung kann letztlich nur in Form von Gütern erfolgen, die wir selbst herstellen müssen – und das geht nicht ohne Arbeit.

Da kann man sich drehen und wenden, wie man will: Ohne Exporte keine Importe – andernfalls würde das Ausland uns diese Waren ja schenken. Merkwürdigerweise ist diese Idee für viele Menschen schwer zu verstehen – vermutlich weil da das Geld ist. Außenhandel ist einfach: Die Chinesen verschiffen Güter nach Deutschland und erhalten von den Deutschen dafür Euros. Das klingt nach einem blöden Tausch: Warum sollten die Chinesen für ihre Waren buntes, bedrucktes Papier akzeptieren? Doch nur, weil sie dieses Papier später wieder in andere Güter eintauschen können. Nun kommt der Einwand, dass die Chinesen ja mit den Euros in anderen Ländern einkaufen können – das zieht aber nicht: Irgendwann müssen diese Euros wieder den Weg nach Deutschland finden, wo sie gegen Waren umgetauscht werden, andernfalls könnte sich Deutschland darauf beschränken, buntes, bedrucktes Papier herzustellen, das man dann gegen echte Waren tauscht – das kann niemand wirklich glauben.

Grund Nummer zwei, warum vermutlich ein Globalisierungsfederhüpfen bis ans Ende der Treppe ausbleiben wird, ist die Erfahrung: Viele Nationen, die in der Vergangenheit mit Billigprodukten und Billiglöhnen gestartet sind, gehören heute zu den reichen Industrienationen mit entsprechend hohen Löhnen – beispielsweise Japan oder die Bundesrepublik Deutschland. Statt des „race to the bottom" haben wir in diesem Fall ein „race to the top" gesehen, in dem die Lohnkosten und die Sozialleistungen gestiegen sind, statt zu sinken. Empirisch zeigt sich, dass mit steigender Entwicklung eines Landes auch dessen Löhne steigen, dessen Staatsquote und damit auch die Sozialausgaben.

Keine Frage: Die Globalisierung stellt uns vor jede Menge Herausforderungen, und ihre Segnungen bekommen wir nicht zum Nulltarif – aber zumindest ein Sturz die ganze Treppe hinunter wird uns erspart bleiben.

DIE GROSSE WIRTSCHAFT

Jeden Tag werden wir damit bombardiert: Rezession, Inflation, Konjunktur und Konsum – das ganze große Wirtschaftsding, das sich so herrlich dazu eignet, mit vielen Worten wenig zu sagen, aber fachmännisch zu klingen und staatsmännisch-besorgt die Stirne zu runzeln.

Mal ehrlich: Wer blickt noch durch bei dem Gerangel um Konjunkturprogramme, Staatsverschuldung, Zentralbankenschelte und Finanzmarktkrisen? Wir stehen fassungs- und ratlos vor Konjunkturexperten, die uns erklären, dass es uns an Nachfrage mangele und dass wir mehr konsumieren müssen – um eine Minute später den nächsten Fachmann zu hören, der uns predigt, dass unser Heil im Sparen liegt.

Geht es noch etwas verwirrender? Mit Sicherheit ja, aber es geht auch einfacher. Nehmen wir unseren Mut zusammen und schauen wir, was uns der gesunde Menschenverstand verraten kann über Rezessionen, Inflation, Kapitalmarktkrisen, Zentralbanken, Geld und all die anderen Begriffe, mit denen man so schön daherreden kann. Geht's auch einfacher? Aber sicher.

Öfföff nennt sich der Typ, der vor einer Weile im Fernsehen aufgetreten ist und vor laufender Kamera seine Welt- und Wirtschaftsphilosophie propagierte. Öfföff – ja, er nennt sich wirklich so – will die Welt mit Liebe erfüllen, lebt ohne Geld und möchte, dass die ganze Welt sich seiner Philosophie anschließt: Das Geld solle abgeschafft werden, glaubt er. Und um seinen Forderungen Nachdruck zu verleihen, bezieht er Posten in der Fußgängerzone der Stadt und versucht Passanten ins Gespräch zu ziehen und ihnen ein Leben mit viel Liebe, aber ohne Geld näherzubringen.

Nun gut, tun wir Öfföff für einen Moment den Gefallen und schaffen das Geld ab – was würde passieren? Ein paar Hinweise darauf, was das bedeuten würde, finden wir in der Wirtschaftsgeschichte: Kriegszeiten, Nachkriegszeiten oder Zeiten absurd hoher Inflationsraten waren im Grunde genommen Zeiten, in denen es kein Geld gab – das Geld, das es gab, war in den Augen der Bürger nichts wert. Und wir wissen alle, was passiert in solchen Zeiten: Statt Geldscheinen und Münzen etablieren sich Warenwährungen, statt mit Mark zahlt man mit Kartoffeln oder Zigaretten. Nicht von ungefähr sprechen Wirtschaftshistoriker von der Zigarettenwährung – selbst Nichtraucher akzeptierten Zigaretten als Bezahlung, weil sie wussten, dass jeder andere dies auch tut.

Das wäre die erste Konsequenz von Öfföffs Vorschlag: Würde man das Geld abschaffen, würden sich sofort Ersatz-währungen breitmachen, denn nur mit Geld oder einem Geldersatz wird eine arbeitsteilige Wirtschaft überhaupt möglich. Wie wollte man sonst die Kartoffeln, die man angebaut hat, gegen eine Zigarre tauschen, wenn man keinen Zigarrenhersteller kennt? Es ist das Geld, das eine Tauschwirtschaft und damit Arbeitsteilung ermöglicht, und wir sind so dringend darauf angewiesen, dass wir es uns selbst kreieren, wenn es kein staatliches Geld gibt.

Aber ohne dem armen Öfföff und seinen hehren Zielen zu nahe treten zu wollen, gäbe es noch einige andere unangenehme Entwicklungen in einer Welt ohne Geld. Wie beispielsweise will man ohne Geld Kredite vergeben oder sparen? Nehmen wir einmal an, man möchte etwas für sein Alter zurücklegen. Nun wissen wir, dass Kartoffeln nicht so lange halten, auch nicht im dunkelsten Keller. Also wäre es wohl das Beste, man gibt seinem Nachbarn ein paar Kartoffeln gegen das Versprechen, in 20 Jahren diese Kartoffeln plus eine Extra-Knolle für die Überlassung der Erdäpfel zurückzubekommen. Das Ganze nennt sich Sparen und findet normalerweise auf Kapitalmärkten statt. Ohne Geld gäbe es diese Kapitalmärkte nicht, wir könnten also weder fürs Alter vorsorgen noch einen Wechsel auf die Zukunft ziehen und uns etwas borgen, weil wir eine gute Geschäftsidee sehen oder in einer momentanen Notlage sind.

Diese Bedürfnisse – Tauschen, Sparen, Investieren – sind den Menschen so immanent, dass sich, wann und wo immer das staatliche Geld im Öfföffschen Sinne verschwand, sofort Parallelwährungen bildeten. So sehr viele Menschen das Geld verteufeln und so sehr es in intellektuellen Kreisen zum guten Ton gehört, über den Fluch des schnöden Mammons zu klagen, so sehr brauchen Menschen diesen Teufel – Geld ist eine Erfindung, die ebenso einfach, genial und unverzichtbar wie das Rad ist.

Aber warum verteufeln wir das liebe Geld, was hat der gute Öfföff gegen diese Erfindung? Vermutlich geht es den Geldkritikern nicht ums Geld, sondern um die Gier nach Geld, genauer gesagt die Gier nach Besitz, nach Eigentum, nach Reichtum – und stellvertretend dafür steht eben Geld. Wer aber diese Gier meint, wenn er das Geld verteufelt, schlägt den Esel, obwohl er den Reiter meint. Nicht das Geld ist der Schuldige, sondern der Mensch, der den Hals nicht vollbekommen kann.

Aber können wir den Menschen nicht wenigstens die Gier nach Eigentum austreiben? Schwer zu sagen: Kann es Menschen ohne Bedürfnisse geben? Und wenn ja, wie menschlich würden sie dann noch sein? Vielleicht reicht es ja schon, ab und an auf ein wenig Mäßigung bei seinen Artgenossen zu hoffen, lieber Öfföff.

Wann lohnt es sich, den Wagen anzuschieben?

Das kennen die meisten von uns: Man hat das Licht brennen lassen, der Vergaser ist abgesoffen oder der Motor ist kalt – und jetzt muss man den Wagen anschieben. Also rasch einen willigen Helfer geholt, der schiebt, den zweiten Gang reingehauen, dass das Getriebe kracht, die Kupplung langsam kommen lassen und hoffen, dass der Vierräderling anspringt.

Die wenigsten von uns werden diese Übung machen, wenn der Motor hinüber ist, weil es sinnlos wäre, ein kaputtes Auto durch Anschieben zum Laufen bringen zu wollen. Und wer nicht weiß, ob der Motor hinüber ist, gibt spätestens nach den ersten zehn Versuchen auf und ruft einen Mechaniker.

Nun ist eine Volkswirtschaft ja so etwas Ähnliches wie ein Auto, denn auch ihr Motor kommt ab und an ins Stottern. „Rezession" nennt das dann der Volksmund der Experten und derer, die es sein wollen, und meint damit eine Situation, in welcher der Wachstumsmotor stottert, der Konsumauspuff spuckt und die Investitionsbatterie leer ist. Und was macht der Fahrer unseres Volkswirtschafts-Wagens in so einem Fall? Natürlich den Wagen anschieben. Und in der Tat gibt es so etwas im Instrumentenkasten der Volkswirte – es nennt sich nur etwas vornehmer „antizyklische Konjunkturpolitik": Der Staat gibt etwas mehr Geld aus und lockert die wirtschaftlichen Rahmenbedingungen – er schiebt also den Konjunkturwagen an –, und der Konsument und der Investor lassen langsam die Kupplung kommen.

Aber kann diese Art des Anschiebens funktionieren? Das kommt darauf an. Schaut man sich die theoretische Konzeption dieser Politik an, von der selbst Politiker wissen, dass man sie nach ihrem Erfinder John Maynard Keynes keynesianisch nennt, kommt man rasch dahinter, dass der Erfolg dieser Maßnahme davon abhängt, ob der Motor noch funktioniert. Das ist wie bei meinem Wagen: Solange der Motor nicht kaputt ist, ist es zweckmäßig, den Wagen anzuschieben. Ist aber der Motor kaputt, leidet meine Volkswirtschaft also nicht an einem temporären Ausfall der Nachfrage, so wird das Anschieben nicht viel bringen – nach wenigen Metern geht mir die Puste respektive dem Staat das Geld aus.

Womit wir bei der entscheidenden Frage wären: Ist der Motor der deutschen Volkswirtschaft kaputt oder müssen wir nur kurz den Konsumvergaser durchblasen? Natürlich ist es vermessen, eine solche Frage mit wenigen Zeilen zu beantworten, zumal sich die Antwort darauf auch rasch ändern kann, aber wenn man sich schon kurzfassen muss, hilft ein Blick auf die Entwicklung der Arbeitslosigkeit in Deutschland: Seit den siebziger Jahren beobachten wir, dass die Arbeitslosigkeit mit jeder Rezession steigt, nach der Rezession aber nicht mehr auf das Niveau sinkt, das vor dieser Rezession herrschte. Mit anderen Worten: Jede Rezession hat uns einige Hunderttausende Arbeitslose mehr hinterlassen, die wir auf dem Weg in die nächste Rezession wie eine böse Erbschaft vor uns herschieben – ein Befund, den Wissenschaftler „Sockelarbeitslosigkeit" nennen. Würde es sich um konjunkturelle Arbeitslosigkeit handeln, dann müsste die Arbeitslosigkeit nach jeder Rezession wieder auf ihr ursprüngliches Niveau zurückgehen – dann wäre sozusagen die Arbeitsmarktbatterie wieder aufgeladen und unser Motor würde wieder brummen.

Aber unser Arbeitsmarktmotor brummt nicht: Seit vielen Jahren steigt die Arbeitslosigkeit in Deutschland mehr oder weniger kontinuierlich von Konjunkturtief zu Konjunkturtief, und selbst wenn sie im Boom sinkt, bleibt immer noch ein Sockel von Menschen zurück, die keine neue Beschäftigung mehr finden. Wie in Wellen hat sich die Arbeitslosigkeit in der Bundesrepublik seit mehr als 30 Jahren hochgeschaukelt, will heißen: Unser Motor macht schon seit 30 Jahren Zicken. Das riecht nicht nach einem temporären Nachfrageausfall, der Arbeitslosigkeit erzeugt, es sei denn, man definiert „temporär" und „konjunkturell" mit einem Zeithorizont von 30 Jahren. Auch das mit dem Anschieben haben wir schon versucht, nämlich nach der Deutschen Einheit, die wohl eines der größten Experimente zur Belebung der Konjunktur war, das wir je gesehen haben – doch dieser konjunkturelle Impuls ist längst verpufft.

In den vergangenen Jahren hat es zumindest Lichtblicke gegeben: Die Zahl der Arbeitslosen ist gesunken, vor allem scheint es, als wäre die Arbeitslosigkeit besonders bei Langzeitarbeitslosen und Menschen mit geringen Qualifikationen überproportional zurückgegangen – hier waren offenbar ein paar Mechaniker am Werk, die repariert statt angeschoben haben. Mit der Ankunft der amerikanischen Immobilienkrise und der damit einhergehenden Lähmung der Wirtschaft allerdings scheint sich bei der Politik wieder der Impuls breitzumachen anzuschieben, statt in die Werkstatt zu gehen – vielleicht ein wenig zu überstürzt.

Wenn unser Arbeitsmarktmotor also nicht mehr anspringt, reicht es dann aus, einfach einen Kumpel zu holen und ihn wieder anzuschieben, oder sollten wir nicht lieber einen Mechaniker rufen?

In vielen Büros gibt es auf jedem Stockwerk eine Kaffeeküche, in der eine Menge Tassen stehen. Morgens angelt man sich eine Tasse, schleppt sie den Tag über mit sich herum und stellt sie abends wieder in die Küche. Oder auch nicht: Viele Kollegen sind so beschäftigt, dass sie ihre Tasse nicht zurückbringen, so dass sich in ihren Büros die Tassen ansammeln, die dann in der Küche fehlen. Die mögliche Folge: Aufgrund des Kaffeetassenmangels wird weniger Kaffee getrunken.

Sie finden das trivial? Ist es im Grunde auch, aber von den Bürotassen-Kreisläufen kann man etwas darüber lernen, wie in den Augen mancher Politiker, Analysten und Ökonomen Konjunkturschwankungen entstehen: Wenn zu viele Menschen ihr Geld – ihre Kaffeetassen – zurückhalten, dann gerät die Konjunktur ins Stocken, will heißen, es wird weniger Kaffee getrunken. Das Interessante an diesem Kreislauf ist allerdings die ihm innewohnende Mechanik: An irgendeinem Punkt, wenn zu wenige Kaffeetassen da sind und sich die Tassen in den Büros der Kollegen stapeln, wandern sie wieder zurück in die Küche, und das Kaffeetrinken kann fröhlich von vorne beginnen. Der Clou an diesem System ist nämlich, dass die Tassen ja nicht verloren gehen können – sie sind höchstens für eine Weile aus dem Verkehr gezogen.

Genauso verhält es sich auch mit den Einkommen der Bürger: Sie haben ihr Geld ja verdient, und irgendwann wird dieses Geld auch wieder den Weg zurück in den Wirtschaftskreislauf finden.

In der klassischen Theorie spricht man dabei vom Say'schen Theorem: Jedes Angebot schafft grundsätzlich seine eigene Nachfrage, denn diejenigen, die das Angebot mit ihrer Hände Arbeit erzeugt haben, haben dafür eine entsprechende Gegenleistung, nämlich ihr Einkommen, erhalten – und das werden sie irgendwann wieder ausgeben, womit die entsprechende Nachfrage nach dem Angebot sichergestellt wäre. Das ist sozusagen der makroökonomische Trick dieses Theorems: Da jeder Produktion ein entsprechend hohes Einkommen gegenübersteht, das bei der Herstellung des Angebots erwirtschaftet wurde, und das so hoch ist wie der Wert der Produktion, kann es nie passieren, dass es zu wenig Nachfrage für das entsprechende Angebot gibt.

Doch wie bei unseren Kaffeetassen kann es zumindest vorübergehend zu einem Ausfall von Nachfrage kommen, nämlich dann, wenn wir unsere Kaffeetassen im Büro stapeln oder unser Einkommen unters Kopfkissen legen. Das temporäre Stapeln der Tassen in einem Büro ist in der Sprache der Ökonomen ein vorübergehendes Horten, das nichts an der grundsätzlichen Tatsache ändert, dass es auf Dauer keinen Nachfrageausfall geben kann. Natürlich kann der Weg zurück in den Wirtschaftskreislauf lang und steinig werden, aber grundsätzlich gilt immer, dass Einkommen in einem Kreislauf nie verlorengehen. Irgendwann müssen sie wieder auftauchen. Eine Konjunkturflaute – ein Ausfall von Nachfrage durch Horten – kann also dieser Idee nach nur temporärer Natur sein; die Bürger werden ihr Geld, ihre Nachfrage nur eine begrenzte Zeit zurückhalten.

Wenn nun unser Büro aber mehrere Stockwerke hat, so kann es passieren, dass Kaffeetassen in eines der unteren Stockwerke verschwinden. Sind sie damit für unseren Kreislauf verloren? Nicht wirklich: Die Tassen sind ja noch da, sie sind nur temporär in ein anderes Stockwerk gewandert, aber da man des Öfteren in den unteren Stockwerken auf Tassenjagd geht, kehren die Tassen immer wieder zurück. Genauso verhält es sich mit unseren Einkommen, wenn wir zulassen, dass die Bürger im Ausland, also in den unteren Stockwerken, konsumieren: Die Ausländer sind nur willens, unseren Mitbürgern ihre Güter oder Dienstleistungen angedeihen zu lassen, wenn sie damit rechnen können, dass wir ihnen im Gegenzug irgendwann unsere Güter und Dienstleistungen zukommen lassen. Wer importiert, entzieht dem Inland keine Kaufkraft, seine Nachfrage wird lediglich durch die Nachfrage des Auslandes ersetzt.

Bleibt noch die Frage nach der Konjunkturpolitik: Was geschieht, wenn man bei Tassenmangel zusätzliche Tassen in die Küche stellt, die man von außen holt? Vermutlich Folgendes: Zunächst trinkt man wieder mehr Kaffee. Gelangen nun aber die vielen Tassen, die in den Büros gehortet wurden, wieder in die Küche, so wird nicht automatisch mehr Kaffee getrunken als vor der Kaffeetassen-Rezession, und vor allem haben wir dann eine Kaffeetassen-Inflation, also zu viele Tassen im Schrank – was genauso problematisch sein kann wie der Fall, dass man nicht mehr alle Tassen im Schrank hat.

Ach, es gibt sie immer wieder, diese Zeiten, in denen man
sich nicht wohlfühlt: Zu viel gutes Essen, zu wenig Bewegung, und schon wächst der Rettungsring um die Hüften
– mer geht uff wie e Krebbel, wie die Rheinhessen sagen.
Und was macht man, wenn die Misere zu groß respektive
die Hose zu eng wird? Klarer Fall, man geht auf Diät und
hungert sich in die nächstniedrigeren Kleidergrößen. Leider passiert bei solchen Diäten immer wieder das Gleiche:
Man hungert ein paar Zentimeter Bauchumfang herunter,
und wenn man endlich als drahtiger Athlet durch die Fußgängerzone federt, kommt das nächste Fest, die nächste
Feier oder der nächste Schokoladenanfall, und all die vielen
heruntergehungerten Pfunde sagen wieder Hallo. „Jo-Jo-
Effekt" nennt man das unter Ernährungsberatern und solchen, die es werden wollen, man könnte auch von einer
Kalorienachterbahn sprechen.

Einen solchen Jo-Jo-Effekt kann es auch im Wirtschaftsleben geben, genauer gesagt bei der staatlichen Haushaltspolitik. Wann immer es dem Staat schlecht geht und das Geld
hinten und vorne knapp ist, wird auf Teufel komm raus
gespart, aber wenn die Konjunktur brummt und das Geld
reichlich fließt, verschwendet die Politik keinen Gedanken
daran, wie man dafür sorgen könnte, dass das staatliche
Budgetgewand auch dauerhaft nicht mehr kneift. Das führt
rasch zu ebenjenem Jo-Jo-Effekt: In konjunkturell schlech-

ten Zeiten versucht man in die Krise hineinzusparen, in guten Zeiten wird gerne das hundertundfünfte Seidenraupenzüchtersubventionsprogramm für strukturschwache Regionen durchgewinkt – man hat's ja.

Nun warnen Ernährungswissenschaftler vor dem ungesunden Jo-Jo-Effekt, und diese Warnung gilt auch für den Staatsbetrieb: Nichts kann für eine Wirtschaft ungesünder sein als ein ewiges Budget-Hin-und-Her. Der Kürzung der Seidenraupensubventionen folgt eine Aufstockung des Strukturhilfefonds für schmetterlingsarme Regionen, der Kürzung der Einkommensteuer folgt wenig später eine Anhebung der Mehrwertsteuer, und die Senkung der Sozialversicherungsbeiträge sieht im Rückspiegel bereits die neue Steuer zur Finanzierung maroder Renten-, Gesundheits- und Politikerpensionskassen herannahen.

In einem solchen Umfeld lassen sich kaum noch langfristige Investitions- und Konsumentscheidungen treffen – ohne ein Minimum an Kontinuität in der Rahmenordnung wird Wirtschaften zu einem Irrlichtern zwischen staatlicher Politikinkonsistenz und privatem Erwartungsmanagement. Aus diesen Überlegungen heraus haben die Väter der Sozialen Marktwirtschaft auch gefordert, Politiker mögen für eine Konstanz der Wirtschaftspolitik sorgen – stabile Rahmenbedingungen sahen sie als beste Voraussetzung für eine gesunde Wirtschaft an.

Kritisch wird dieser Jo-Jo-Effekt vor allem mit Blick auf
die Idee einer sogenannten antizyklischen Konjunktursteuerung, die eigentlich genau das Gegenteil einer Jo-Jo-
Haushaltspolitik vorschlägt: In guten Zeiten ein wenig für
die schlechten Zeiten zurücklegen. In der Praxis haben wir
gesehen, dass genau diese Strategie nicht gut funktioniert,
weil auch Politiker Jo-Jo-diätisch leben und eher zehn
gerechte Haushaltspolitiker durch ein Nadelöhr gehen, als
dass sie in guten Zeiten etwas für die schlechten Zeiten tun.
Da geht es den politischen Menschen wie den diätischen
Leuten, sagt der Rheinhesse: Sie sind zu willensschwach
und undiszipliniert – was auf den Tisch kommt, wird
gegessen, was eingenommen wird, wird ausgegeben. So
charmant die Idee ist, in guten Zeiten für die schlechten
vorzusorgen, so wirklichkeitsfremd ist sie, vor allem, wenn
man ein realistisches Menschen- und Politikerbild zugrun-
de legt.

Deswegen predigen Ernährungsexperten Menschen, die für
ihr Gewicht zu klein sind, nicht Gewaltdiäten zu machen,
sondern die Ernährungsgewohnheiten grundsätzlich umzu-
stellen – das ist gesünder und hat nachhaltigeren Erfolg.
Gleiches würden Budgeternährungsexperten, so es sie denn
gäbe, wohl auch Haushaltspolitikern vorschlagen: weniger
erratische Ausgaben- und Einnahmenpolitik, sondern eine
Generalrevision vieler Budgetunarten und mehr Verstand
und Konstanz im Haushaltsgebaren. Und dieses Mehr an
Kontinuität wird dann hoffentlich belohnt durch mehr
Investitionen und Beschäftigung.

Das Problem bei dieser Kur ist, dass wir Menschen einfach
zu willensschwach sind – und Politiker sind nur Menschen.
Haben Sie nicht auch schon wieder Hunger?

Autofahren ist eine einfache Sache, vor allem die Regulierung der Geschwindigkeit: Drückt man den Fuß aufs Gaspedal, wird der Wagen schneller, nimmt man den Fuß vom Pedal, verliert das Benzinross an Fahrt. So in etwa stellen sich viele Politiker und Hobbyökonomen die Kunst der Konjunktursteuerung mittels Geldpolitik vor: Man drückt ein wenig auf die geldpolitische Tube – senkt also die Zinsen oder streut mehr Scheine unters Volk –, die Investitionen und der Konsum steigen und die Konjunktur nimmt an Fahrt auf. Und wenn die Fahrt zu rasant wird, die Wirtschaft überhitzt, nimmt man einfach wieder den Fuß vom Gaspedal. Klingt einfach und plausibel, ist aber falsch.

Will man bei der geldpolitischen Gaspedal-Theorie bleiben, so müsste man dieses Gaspedal ein wenig modifizieren. Nehmen wir beispielsweise an, wir hätten eine Rezession und drücken nun ein wenig auf die Tube. Leider ist damit nicht sichergestellt, dass auch die Wirtschaft an Fahrt aufnimmt, denn unglücklicherweise gibt es keine direkte Verbindung vom geldpolitischen Gaspedal zum Konjunkturmotor. Erhöhen wir beispielsweise die Geldmenge, so kann es passieren, dass die gestiegene Geldmenge einfach in den Geldbeuteln der Konsumenten versandet, weil diese wenig Sinn darin sehen, es auf die Bank zu bringen oder anzulegen und darüber hinaus aufgrund ihres persönlichen Konjunkturpessimismus wenig Neigung verspüren, es zu konsumieren. Ganz so unwahrscheinlich ist ein solches Szenario nicht, viele Ökonomen sagen, dass genau dieses in Japan in den vergangenen Jahren der Fall war.

Aber selbst wenn die Konsumenten das Geld auf die Bank tragen, Aktien oder Anleihen kaufen und sich damit die Investitionsmöglichkeiten für die Unternehmen verbessern, ist nicht gesagt, dass diese auch mehr investieren werden. Wenn die Lager voll sind, die Kapazitäten unausgenutzt und der Konjunkturhorizont düster ist, ist das Verlangen nach Investitionen zumeist gebremst, sei das Geld auch noch so billig. Das ist die sogenannte Investitionsfalle, die unseren Tritt aufs Gaspedal nutzlos macht: Wir geben Gas und nichts passiert.

In die andere Richtung – wir wollen unsere Fahrt vermindern – funktioniert das Geldpolitik-Autofahren besser: Wenn wir die Zinsen anheben oder die Geldmenge reduzieren, sorgt das für sinkende Investitionen und rückläufigen Konsum, also für eine Abkühlung der Wirtschaft. Das Problem ist hier allerdings, dass die Grenze zwischen „den Fuß vom Gas nehmen" und einer Vollbremsung mit all ihren unerwünschten Nebenwirkungen fließend ist. Zudem gibt es Ökonomen, die behaupten, dass die Notenbank die Geldmenge nicht ohne weiteres steuern kann, weil sie zum einen mit zu abruptem Tritt auf die Bremse eine Bauchlandung der Wirtschaft provozieren kann und weil zum anderen die Wirtschaft sich bis zu einem gewissen Grad ihre eigene Liquidität beschafft, ob die Notenbank will oder nicht – das Letztere nennt sich dann

wissenschaftlich-vornehmerweise die Theorie von der endoge-
nen Geldmenge.

Was die Steuerung des geldpolitischen Tempos noch
schwerer macht, ist der Umstand, dass die Wirtschaft nur
mit einer Verzögerung von mindestens 12 bis 18 Monaten
auf geldpolitische Gaspedalmanöver reagiert – das ist so, als
würde man das Gaspedal bedienen, und der Wagen erst
eine halbe Stunde später darauf reagieren. Und dann wissen
wir nicht einmal genau, ob denn der Wagen schneller oder
langsamer geworden ist, weil wir das Gaspedal betätigt
haben oder vielleicht einen Berg hinunterrollen oder weil
wir Gegenwind bekommen haben.

Und zu allem Übel wissen wir nicht einmal so genau, über
welche Kanäle die geldpolitischen Impulse überhaupt ihren
Weg in die Wirtschaftstätigkeit der Konsumenten und
Produzenten finden – das ist so, als würden wir auf ein
Pedal drücken und müssten hoffen, dass es funktioniert,
ohne zu wissen, wie das Gaspedal mit dem Konjunkturmotor verbunden ist.

Also: Möchten Sie in einem Auto fahren, dessen Motor nur
mit einer Verzögerung auf das Gaspedal reagiert – wenn es
überhaupt das Gaspedal ist –, ein Auto, von dem Sie nie
wissen, wie stark es auf ihre Brems- oder Beschleunigungs-
befehle reagiert? Unsere Volkswirtschaft ist leider kein
Auto, das sich so einfach lenken lässt – mal abgesehen
davon, dass schon das Autofahren gefährlich genug ist.

So ein Wannenbad ist toll: Man lässt warmes Wasser in die Wanne, steigt hinein, tauscht mit dem Wasser die Farbe und fühlt sich wohl. Doch bevor es so weit ist, muss man die Wanne vollbekommen. Niemand möchte die ganze Zeit bei der Wanne stehen, zusehen, wie sich selbige munter plätschernd füllt, um im richtigen Moment den Hahn zuzudrehen. Also dreht man den Hahn auf und erledigt andere Dinge, während sich der Wasserpegel dem Wannenrand nähert.

Natürlich ist das eine gefährliche Strategie: Vergisst man den aufgedrehten Wasserhahn oder schaut nicht oft genug nach, teilt man sein Badewasser rasch mit dem Badezimmerteppich, im schlimmsten Fall mit den Nachbarn im unteren Stockwerk. Dabei lässt sich eine solche Katastrophe leicht verhindern: Man wirft regelmäßig einen Blick durch die Badezimmertür und schaut nach, wie weit der Wasserpegel noch vom Wannenrand entfernt ist.

Nun stellen Sie sich Folgendes vor: Sie schauen regelmäßig nach dem Wasserpegel – doch die Wanne will und will einfach nicht voll werden. Jetzt gibt es zwei Handlungsoptionen: Entweder Sie sehen kein Problem und lassen das Wasser munter weitergurgeln, oder Sie schauen nach, ob die Wanne ein Loch hat. Und so merkwürdig es klingt: Es gibt Menschen, die würden das Wasser stundenlang laufen lassen, statt nach einer Weile beunruhigt nach einem Loch im Wannenboden zu suchen. Glauben Sie nicht? Dann lassen Sie uns über Geldpolitik reden.

Eine der Grundideen der Geldpolitik besteht darin, dass es einen Zusammenhang gibt zwischen der Inflationsrate und der Menge Geldes, die durch eine Volkswirtschaft zirkuliert: Je mehr Geld unterwegs ist, umso höher ist die Inflationsrate. Eigentlich ist diese Idee einleuchtend: Je mehr Geld die Menschen in den Taschen haben, umso mehr geben sie aus, und je mehr sie ausgeben, umso stärker steigen die Preise, vor allem, wenn der gestiegenen Nachfrage keine gestiegene Produktion gegenübersteht.

Aus diesem Grund hat die Europäische Zentralbank in der Vergangenheit eine sogenannte Geldmengenstrategie verfolgt: Sie achtete darauf, dass die Geldmenge nicht zu sehr steigt, und hoffte, dass damit auch die Gefahr zu großer Inflationsraten gebannt ist.

So weit, so gut – doch nun haben sich in der Vergangenheit die Stimmen gemehrt, die eine Abschaffung des Geldmengenziels der Europäischen Zentralbank fordern – die Geldmenge leiste keinen Beitrag mehr zur Erklärung der Inflation. In der Tat beobachten wir, dass sich der Zusammenhang zwischen dem Wachstum der Geldmenge und der Inflationsrate gelockert hat, die Geldmenge gestiegen ist, ohne dass die Inflationsraten zugenommen haben – können wir also Geldpolitik ohne

Geldmenge machen, spielt die Geldmenge keine Rolle für die Höhe der Inflationsrate?

Vielleicht nicht, wenn wir an unser Wannenbad denken: Die Wanne ist unsere Volkswirtschaft, das Wasser die Liquidität, die Geldmenge, die in unsere Volkswirtschaft plätschert – und wenn es über den Rand der Wanne schwappt, haben wir zu hohe Inflationsraten, die unserer Wirtschaft schaden. In der Lesart der Geldmengenkritiker hat unsere Wanne keinen Boden, denn egal, wie viel Wasser hineingurgelt – es schwappt nicht über den Rand, wir bekommen keine Inflation.

Als durchschnittlicher Badezimmerteppichbesitzer glaubt man diese Lesart nicht: Was, wenn unsere Wannen-Volkswirtschaft ein Loch hat, durch das unser Geld abfließt? Dieses Loch könnten wir beispielsweise „Kapitalmärkte" nennen – das würde erklären, was in den vergangenen Jahren dort passiert ist: Überschüssige Liquidität – Wasser – ist nicht über den Rand der Wanne gelaufen und hat Inflation erzeugt, sondern ist in die Kapitalmärkte geflossen und hat dort das ausgelöst, was Ökonomen „Vermögenspreisinflation" nennen, also ein liquiditätsbedingter Anstieg von Vermögenspreisen.

Konkret bedeutet das, dass wir den massiven Anstieg der Aktienbörsen um die Jahrtausendwende und den sich daran anschließenden Boom bei den Immobilienpreisen einer steigenden Geldmenge verdanken – statt der Preise für

Waren und Dienstleistungen, also der Inflationsrate, steigen die Preise für Vermögenswerte. Damit ist auch klar,
dass wir nicht tatenlos zusehen können: Wenn unsere
Wanne ein Kapitalmarktloch hat, wird unser Teppich nass.
Vermögenspreisinflation ist auch Inflation, und vielleicht
ist sie sogar gefährlicher als Güterpreisinflation. Warum,
ist rasch erklärt: Wenn Menschen für Aktien oder Immobi-
lien überhöhte Preise zahlen, werden zu viele neue Aktien
an den Markt gebracht, zu viele neue Häuser gebaut, deren
Wert nachher wieder auf Normalmaß zusammengestaucht
wird. Dann stehen viele teure, unbenutzte Häuser und
Unternehmen in der Landschaft – eine echte Verschwen-
dung von Baumaterial und Arbeitszeit.

Diese Überlegungen können erklären, warum in den vergangenen Jahren die Inflationsraten so niedrig waren: Das
Wasser ist nicht über den Rand unserer Wanne gelaufen,
weil es zuvor abgesickert ist in die Vermögensmärkte, wo
es Schaden in Form zu hoher Aktienkurse und Immobi-
lienpreise angerichtet hat. Als wir also nach der Inflationsrate gefragt haben, haben wir sozusagen auf den Rand der
Wanne geschielt und dabei übersehen, dass das Wasser
nicht dort auf den Teppich geschwappt ist, sondern dort,
wo unsere Wanne ein Kapitalmarktloch hat.

Und von dort tritt die Vermögenspreisinflation ihren Siegeszug durch eine Reihe von Vermögensmärkten an: Zuerst
schwappt das Geld in die Aktienmärkte, überhitzt diese,
löst irgendwann den typischen Crash aus, danach schwappt

es beispielsweise in die Immobilienmärkte über und richtet dort weiteres Unheil an – das Ergebnis haben wir dann im Jahr 2008 unter dem Namen „Immobilien- und Finanzkrise" kennengelernt.

Geld ist wie Wasser – es findet immer einen Weg in die Preise. Wenn wir also unseren Teppich und unsere Untermieter trocken halten wollen, bleibt uns nur eines übrig: Wir müssen den Wasserfluss stoppen, also den Geldmengenhahn zudrehen. Sonst werden wir nicht viel Spaß an unserem Badezimmer haben.

Mal wieder das Übliche: Man fährt zügig und frohgemut auf der Autobahn, und plötzlich entsteht aus dem Nichts ein Stau. Kein LKW, der es sich auf der Fahrbahn gemütlich gemacht hat, keine brennenden Autowracks, keine Öllachen, kein Frachtgut, das den Weg versperrt – ein Geisterstau aus dem Nichts. Aus der Perspektive des einzelnen Fahrers darf es solche Staus nicht geben: Jeder Fahrer möchte so rasch wie möglich an sein Ziel, niemand hat ein Interesse daran, auf der Autobahn zu übernachten – und doch ist da dieser Stau.

In einfachen Experimenten hat man solche Staus sogar reproduziert: Man ließ einige Autofahrer auf einem großen Parkplatz kontinuierlich im Kreis fahren, und siehe da: Nach einigen Runden kam der Parkplatzkreisverkehr wie von Geisterhand gelenkt ins Stottern – da war er wieder, unser Geisterstau.

Auch moderne Volkswirtschaften kennen Geisterstauphänomene: Scheinbar aus heiterem Himmel erlahmt der Konsum, sacken die Investitionen weg, macht die Binnenkonjunktur schlapp – und schon hat man das, was Ökonomen eine Konjunkturkrise nennen: einen Einbruch des Wirtschaftswachstums, steigende Arbeitslosigkeit und hektische Politiker, die sich um ihre Wiederwahl Sorgen machen. Aus einzelwirtschaftlicher Perspektive – also aus der Sicht des einzelnen Autobahnfahrers – lassen sich solche Phänomene nicht erklären. Einzelwirtschaftlich betrachtet lässt sich nicht nachvollziehen, warum eine Volkswirtschaft auf einmal weniger produziert oder arbeitet. Je mehr wir produzieren, umso mehr erhöhen wir unseren Wohlstand; je mehr wir arbeiten, umso mehr können wir uns gönnen – warum sollten wir auf einmal weniger arbeiten und produzieren? Wir wollen das nicht, und doch passiert es. Das ist also wie bei unserem Geisterstau: Keiner will auf der Autobahn langsamer fahren, und doch kommt der Verkehr ins Stocken.

Im Nachhinein lassen sich natürlich Gründe finden – eine LKW-Kette an einem Berghang, ein Ausfall von Exportnachfrage, ein Sonntagsschleicher auf der Überholspur, ein Einbruch der Vermögenspreise – doch es bleibt, das ungute Gefühl, dass hier etwas passiert, was gar nicht passieren dürfte. Wie kann es sein, dass alle Bürger mehr Arbeit, mehr Wachstum wollen, aber unterm Strich weniger Arbeit und weniger Wachstum herauskommen?

Diese Frage – der Unterschied zwischen der einzelwirtschaftlichen Rationalität und dem verwirrenden gesamtwirtschaftlichen Ergebnis – ist der Unterschied zwischen der sogenannten Mikroökonomie und der Makroökonomie. Die Mikroökonomie klärt Fragen auf einzelwirtschaftlicher Perspektive – wie verhalten sich Konsumenten, Unternehmen oder Steuerzahler –, die Makroökonomie widmet sich dem verwirrenden Befund, dass das Verhalten der Masse der Konsumenten, Unternehmen und Steuerzahler offenbar in der Summe zu einem Ergebnis kommen kann, das mit einer

Addition der einzelnen Verhaltensweisen nicht ohne weiteres zu erklären ist.

Um es vereinfacht zu sagen: In der Summe verhalten sich Wirtschaften oft anders, als man es bei der Betrachtung ihrer einzelnen Komponenten erwarten würde, genauso wie die Summe aller Autofahrer auf der Autobahn zu einem Stau führen kann, obwohl keiner der Beteiligten einen Stau will.

Nun sollte man das Autobahnkind nicht mit dem Asphaltbad ausschütten, wenn man über makroökonomische Phänomene wie Rezessionen und Arbeitslosigkeit redet: Auch auf gesamtwirtschaftlicher Ebene gelten die fundamentalen Gesetze des Anreizes, der elementarste aller Zusammenhänge der Mikroökonomik – Menschen reagieren auf Anreize – ist nicht außer Kraft gesetzt. Wann immer wir in einer Volkswirtschaft schwaches Wachstum und hohe Arbeitslosigkeit beobachten, können wir nicht sofort auf einen Geisterstau schließen, sondern müssen genauer hinschauen, ob da nicht doch irgendwo ein Baum auf der Fahrbahn liegt, ein Unfall war, kurzum – schlechte Wirtschaftspolitik betrieben wird.

Und je länger und hartnäckiger diese Symptome andauern – je länger also unser Stau dauert –, umso größer ist die Wahrscheinlichkeit, dass wir es nicht mit einem unvorhergesehenen Einbruch der Nachfrage, sondern mit einer strukturellen Krise zu tun haben, was die entsprechende, zumeist schmerzhafte Medizin erfordert.

DIE GROSSEN UND KLEINEN IRRTÜMER

Manche Ideen haben sich klammheimlich in die sprachliche und gedankliche Folklore des Alltags eingeschlichen: Der Schmetterling in Südamerika, dessen Flügelschlag ein Erdbeben in Asien auslöst, die demografische Zeitbombe, auf der wir sitzen, die Arbeit, die uns eines Tages ausgeht, und vieles andere mehr.

Politiker, Arbeitgeber, Gewerkschaftsbosse oder sonstige Ehren-, Würden- oder Bedenkenträger werfen gerne mit diesen folkloristischen Leerformeln um sich, in der Gewissheit, dass sich im Publikum kein Widerstand regen wird – schließlich haben wir diese Floskeln bereits so oft um die Ohren gewatscht bekommen, da müssen sie doch wahr sein, oder?

Lassen Sie uns etwas Verwegenes tun: Stellen wir ein paar dieser intellektuellen Imponierphrasen auf den Prüfstand des gesunden Menschenverstandes. Vielleicht verhilft dieser uns ja zu etwas mehr Aha und weniger Blabla.

Kann ein Schmetterling einen Orkan auslösen?

Er gehört mittlerweile in den Fundus einer jeden pseudo-bedeutungsschwangeren Halbintellektuellendebatte: Der Schmetterling, der mittels seines Flügelschlags an einem Ort der Welt an einem anderen Ort der Welt einen Orkan auslöst. Was genau hinter diesem Bild steht, scheint vielen Nutzern dieser wissenschaftlich-dämonisch-prophetischen Floskel gar nicht so wichtig zu sein – klingt gut, also ab damit in die Jubiläumsrede, die Talkshow oder die Diskussionsrunde. Sogar in die Werbung für ein besseres Deutschland hat es die Orkan-Schmetterlings-Hypothese schon geschafft – da muss doch was dran sein, oder?

Nun gut, schauen wir uns das an – was hat es mit dem Orkan-Schmetterling auf sich? Ursprünglich kommt dieses Bild aus der sogenannten Chaos-Forschung, die sich mit dem Verhalten komplexer Systeme beschäftigt. Solche Systeme – Luftturbulenzen im Windkanal, Wetterphänomene, die Entwicklung von Tierpopulationen oder auch Kursschwankungen an den Kapitalmärkten – zeigen oft merkwürdige Verhaltensweisen: Lange Zeit läuft alles ruhig vor sich hin, doch auf einmal, ohne Vorwarnung und erkennbaren Grund, explodieren diese Systeme, es kommt zu unvorhersehbaren, unberechenbaren, chaotischen Ausbrüchen und Turbulenzen, also zu Aktienkurseinbrüchen, Orkanen, Verwirbelungen, Schädlingsplagen oder sonstigem Chaos – deswegen heißt die ganze Veranstaltung ja auch Chaos-Theorie.

Um das Verhalten solcher Systeme zu beschreiben, hat man komplizierte Formeln und Berechnungen angestellt, komplexe, formelbeladene, tückische Modelle entworfen und mit diesen gezeigt, dass bei bestimmten Modelltypen schon die kleinste Veränderung eines Modellparameters zum Chaos führt. An irgendeiner Stelle kommt ein kleiner Impuls, der sich durch das gesamte System durchpflanzt und am Ende riesige Wirkungen entfaltet – und schon kracht es.

Mit anderen Worten: In einem hochkomplexen System wie dem Wetter hängen alle Parameter eng voneinander ab, und wenn nun der Flügelschlag des Schmetterlings in dieses System eingespeist wird, reagieren alle anderen Parameter mechanisch darauf, und am Ende steht möglicherweise ein chaotischer Ausbruch – eben der Orkan. Das ist so, als würde man in einem komplizierten Geflecht von Zahnrädern an einem ganz kleinen Zahnrad drehen und dann staunend bemerken, dass sich als Folge an einer ganz anderen Stelle sich ein ganz großes Zahnrad in Bewegung setzt.

Auch ein Wirtschaftssystem oder ein Kapitalmarkt ist ein hochkomplexes Geflecht von Abhängigkeiten, weswegen man auch hier von einer Schmetterlings-Wirtschaftskrisen-Theorie sprechen könnte: Ein kleines Ereignis an einem Ende der Welt hat drastische Folgen am anderen Ende. Für einen Politiker klingt das angenehm: Nicht er hat die Wirtschaftskrise auf dem Gewissen, nein, ein kleiner bunter Falter war schuld. Das ganze System ist eben so eng miteinander verwoben und so komplex, dass man sich nicht gegen ein solches Chaos wehren kann. Klingt logisch und überzeugend, aber will man sich wirklich damit abfinden, dass der Flügelschlag eines bunten Schmetterlings oder die Entscheidung, kein neues Auto zu kaufen, zu einem Orkan oder zu einer Wirtschaftskrise führt?

In der Tat ist Wirtschaft ein hochkomplexes System, in dem alles und jeder irgendwie miteinander verwoben ist – aber zugleich ist Wirtschaft auch ein flexibles System, das auf Schocks und Erschütterungen schnell reagiert. Vielleicht mag die Entscheidung, kein neues Auto zu kaufen, negativ auf den Konsum wirken, doch wenn der Autoverkäufer den Preis senkt, sieht die Welt schon wieder ganz anders aus. Schlechte Konjunkturdaten aus Amerika können die Kurse erschüttern – doch sie stürzen uns nicht ins Chaos, sinken die Kurse ein wenig, finden sich auch neue Käufer.

Wirtschaftssysteme und Kapitalmärkte sind ähnlich gebaut wie erdbebensichere Hochhäuser: Gibt es Erdbeben, so bleiben sie nicht starr im Boden stehen, sondern schwanken ein wenig mit – genau das macht sie erdbebensicher. Es ist die Elastizität dieser Häuser und auch die Elastizität unserer Wirtschaftssysteme und Kapitalmärkte, die sie vor solcher Schmetterlings-Unbill schützt. Auch wenn es ab und an mal etwas ruppiger in der Wirtschaft zugeht – langfristig sorgt diese Elastizität dafür, dass unsere Wirtschaftswelt, wie wir sie kennen, nicht untergeht. Solange wir uns wie der Bambus im Wind wiegen, statt uns mit aller Macht gegen ihn zu stemmen, werden wir keinen ökonomischen Schiffbruch erleiden.

Der Fehler der Schmetterlings-Theorie ist, dass sie vollkommen starre Systeme unterstellt, in denen aus A sofort und ohne Gnade B und dann C folgt. Je flexibler aber ein System ist, umso geringer wird die Wahrscheinlichkeit, dass A auch Folgen für C hat, weil andere Faktoren das System stabilisieren und den Falterschlag und seine Folgen abfangen. Das erklärt, warum die Schmetterlings-Theorie in voller Reinheit nicht funktioniert: Zwar verändert der Schmetterlingsflügel einen Parameter in einem hochkomplexen System, doch die Reaktion anderer Faktoren sorgt dafür, dass diese Veränderung keine schwerwiegenden Folgen hat. Deswegen wird der Schmetterlingsflügel keinen Orkan auslösen.

Solange wir also unser Wirtschaftssystem als atmendes, flexibles System begreifen und auch gestalten, können wir auch weiterhin gelassen den bunten Faltern beim Flattern zusehen.

Können mehr Bäcker einen größeren Kuchen backen?

Das Schönste am Kuchenbacken ist neben den tollen Gerüchen und dem verbotenen Teigschlecken während der Produktion der anschließende Verzehr der süßen Kalorienbombe. Dabei kommt es aber oft zu Verteilungskämpfen: Wer bekommt die meisten und größten Stücke? Ist der Kampf um den Kuchen zu groß, so bleibt nur eines übrig: Man muss einen zweiten Kuchen backen.

Fälschlicherweise glauben viele Menschen, dass auch unsere Volkswirtschaft eine Art Bäckerei ist, die einen Kuchen produziert, den es zu verteilen gilt, und einer dieser Kuchen, den man glaubt, verteilen zu müssen, sind die Arbeitsplätze in einer Volkswirtschaft. Die Idee ist einfach: Wenn es viele Menschen ohne Arbeitsplatz gibt, muss man einfach denjenigen, die ein Stück des Arbeitskuchens ergattert haben, davon eine Scheibe wegnehmen und denjenigen ohne Arbeitsplatz geben. In dieser Ideenwelt ist das Volumen an Arbeit, die in einer Volkswirtschaft geleistet wird, ein riesiger Kuchen, und durch geschicktes Umverteilen der einzelnen Kuchenstücke kann man alle Bürger glücklich machen. Man muss also den Arbeitsplatzbesitzern einfach ein wenig Arbeit wegnehmen und es den Arbeitslosen geben, und schon herrscht Vollbeschäftigung.

Leider ist das Bild vom volkswirtschaftlichen Arbeitskuchen schief, wie einfache Überlegungen zeigen: Nimmt

man den Arbeitsplatzbesitzern „etwas" Arbeit weg, so kann
man ihnen selbstverständlich nicht mehr den gleichen
Lohn zahlen, da sie ja auch weniger arbeiten. Allein das
macht den Vorschlag problematisch.

Gut, man könnte die Arbeitenden natürlich dazu zwingen, weniger zu arbeiten und zu verdienen, doch dann
kommt gleich die nächste Frage: Findet sich jemand, der
die andere Hälfte dieses Jobs exakt übernahmen kann?
Wirft man einen Blick auf die Struktur der deutschen
Arbeitslosigkeit, so zeigt sich, dass es sich bei den Arbeitslosen zum überwiegenden Teil um geringqualifizier-
te Menschen und Langzeitarbeitslose handelt – da dürfte
es schwerfallen, auch den letzten per staatlichem Dekret
freigeräumten Arbeitsplatz als C++-Programmierer zu
besetzen.

Wenn wir also Arbeitsplätze teilen wollen, um Arbeitslose
in Lohn und Arbeit zu setzen, dann müssen wir tendenziell
eher Arbeitsplätze mit geringen Qualifikationsanforderun-
gen, also geringem Einkommen teilen – und diese geringen
Einkommen durch die Teilung noch geringer machen.
Klingt nicht überzeugend.

Nun können wir ja verfügen, dass die Teilung der Arbeitsplätze bei vollem Lohnausgleich erfolgt, und spätestens
jetzt fliegt uns die Kuchenanalogie um die methaphernver-
wöhnten Ohren: Wenn wir den Arbeitskuchen bei vollem
Lohnausgleich teilen, wird dieser Kuchen schrumpfen.

Warum ist klar: Gleicher Lohn für weniger Arbeit bedeutet höhere Produktionskosten, die von den Unternehmen sofort mit einer Reduktion der Produktion respektive der Beschäftigung beantwortet werden – wir beschäftigen im ersten Augenblick mehr Menschen, die dann aber weniger herstellen; je mehr Bäcker sich also an der Herstellung des Kuchen beteiligen, umso kleiner wird dieser. Was soll denn das für ein Kuchen sein?

Sobald also mit der Aufteilung der Arbeitsplätze höhere Kosten – seien es Lohnkosten, Reibungsverluste, organisatorische Kosten oder was auch immer – verbunden sind, beginnt unser Kuchen zu schrumpfen, was bedeutet, dass wir umso weniger Kuchenstückchen unter unseren Bürgern verteilen können. Und das Schlimme daran: Es sind vor allem die Arbeitsplätze mit geringen Qualifikationserfordernissen, die sich am leichtesten ins Ausland verlagern oder durch Maschinen ersetzen lassen und damit verschwinden – also genau jene Arbeitsplätze, die wir ja per Arbeitsplatzteilung schaffen wollen. Spätestens jetzt wird unser Kuchen äußerst unbekömmlich.

Die eigentliche Lösung für unser Kuchen-Arbeitslosigkeits-Problem besteht natürlich darin, mehr Kuchen zu backen, also mehr Beschäftigung zu schaffen, und dieses Mehr an Kuchen wird immer willkommen sein, jedenfalls solange unsere Wünsche größer sind als unsere Mittel zur Deckung dieser Wünsche. Das ist nämlich der letzte Haken an der Kuchenmetapher: Unser Hunger nach dem Kuchen

Sozialprodukt ist so unersättlich, dass grundsätzlich alle
helfenden Hände gebraucht werden.

Also lasst uns unsere Bemühungen darauf verwenden, mehr
Kuchen zu backen, anstatt uns damit zu beschäftigen, nur
einen Kuchen zu verteilen.

Wir alle wissen, was eine Zeitbombe ist: Ein Ding, das lange Zeit bedrohlich vor sich hin tickt und zu einem vorher festgelegten Zeitpunkt mit einem lauten Knall seine Existenz – und wenn man Pech hat auch andere Existenzen – beendet. Keine schöne Sache, so eine Zeitbombe, weshalb so eine Veranstaltung eine eklatante Bedrohung ist, vor der wir uns schützen wollen. Kein Wunder, dass die Unkenrufer, Schwarzseher, Katastrophenausrufer und Untergangsapologeten der Republik dem schleichenden Bevölkerungsrückgang der deutschen Bevölkerung das Etikett der demografischen Zeitbombe aufgeklebt haben – in völliger Verkennung des oben bereits dargelegten Charakters einer Zeitbombe.

Da wäre zuerst der nur auf den ersten Blick altkluge Kritikpunkt der verfehlten Metapher: Eine Zeitbombe geht irgendwann überraschend mit einem lauten Knall los und richtet sofortige Verwüstung an, aber der Bevölkerungsrückgang ist schleichender Natur. Wir werden nicht eines Tages aufwachen und feststellen, dass wir weniger geworden sind, sondern die Bevölkerungszahl wird langsam und stetig zurückgehen – und wir werden noch nicht einmal davon überrascht sein wie bei der Zeitbombe, nein, wir wissen es ja heute schon. Dieses Argument ist nicht nur sprachlicher Natur, denn es offenbart, dass wir genügend Zeit und Möglichkeiten haben, um uns langsam auf diese Entwicklung einzustimmen – ein echter Vorteil gegenüber einem Bombenentschärfer, der über einem

tickenden Etwas schwitzt und nur wenig Zeit zum Entschärfen hat. Die demografische Zeitbombe wird nicht mit einem
lauten Bums explodieren, sondern sie klopft bereits jetzt höf-
lich in unseren Statistiken an und gibt uns viel Zeit, uns darauf einzustellen.

Und genau das passiert bereits: Man beginnt – weniger aus
Einsicht denn vielmehr aus Not – die Sozialsysteme umzu-
stellen. Es wäre auch eine etwas merkwürdige Strategie, die
demografieanfälligen Sozialsysteme statt mit Reformen mit
Appellen an die Fruchtbarkeit der Sozialversicherten repa-
rieren zu wollen – das kann niemand ernst meinen. Die
Kosten, die uns dabei entstehen, sind in vielen Fällen – vor
allem im Falle der Gesetzlichen Rentenversicherung – nicht
die Kosten der Demografie, sondern schlichtweg die Schulden, welche die Generationen vor uns angehäuft haben.

Aber nicht nur das: Möglicherweise sind die Folgen der
demografischen Nicht-Zeitbombe nicht so dramatisch, wie
es uns die Demografiebombenexperten glauben machen
wollen. Zunächst einmal muss man sich vergegenwärtigen,
dass der Wohlstand eines Landes nicht von der Zahl der
Köpfe abhängt, sondern von der Produktivität dieser Köpfe
– das erklärt, warum der Wohlstand in Deutschland höher
ist als in China – trotz gewisser Bevölkerungsunterschiede
zwischen beiden Ländern.

Zudem ist nicht klar, was mit den späteren Generationen
geschieht: Wenn das Angebot an Arbeit aufgrund der

demografischen Nicht-Bombe zurückgegangen ist, werden sich zwangsläufig die Löhne erhöhen – der Wohlstand der späteren Generationen wird davon entscheidend mitbestimmt werden. Die zukünftigen Lasten späterer Generationen lassen sich angesichts der dann höheren Löhne leichter schultern, als wir es uns heute vorstellen. Dieses Argument fehlt zumeist bei den verbalen Bombenlegern.

Es ist der Nicht-Bombencharakter dieses Problems, der Mut macht – wer unter uns älter als 200 Jahre ist, erinnert sich daran, dass dies nicht die erste demografische Zeitbombe ist, die uns bedroht. Vor mehr als 200 Jahren prophezeite der Ökonom Thomas Malthus, dass aufgrund des exponentiellen Wachstums der Bevölkerung und des nur linearen Anstiegs der Nahrungsmittelproduktion die Menschheit zwangsläufig dazu verdammt sei, wegen Überbevölkerung zu verhungern – da hört man es förmlich demografisch bumsen. Vor mehr als zwei Jahrhunderten hatte unsere Zeitbombe also genau die umgekehrten Vorzeichen – damals war die Angst, dass wir zu viele, und nicht zu wenige sein werden.

Verglichen mit den düsteren Visionen eines Thomas Malthus klingt das Problem, dass wir weniger werden, vergleichsweise harmlos, zumal wir uns langsam und gelassen auf dieses Problem vorbereiten können und nicht eines Tages von einem lauten Knall überrascht werden. Bis dahin können es die verbalen Bombenbastler aber noch mal ordentlich krachen lassen.

Jetzt klagen sie wieder, die Gewerkschaftler und Sozialpolitiker: Die Unternehmen sollen mehr Arbeiter und weniger Maschinen beschäftigen. Hinter dieser Idee steckt die
Überlegung, dass Maschinen Arbeitsplätze vernichten.
Stattdessen – so die einfache Logik – muss man Maschinen
durch Arbeiter ersetzen, und schon ist das Arbeitsmarkt-
problem gelöst. Das klingt zunächst gut, wirft aber ein
Problem auf: Die Entscheidung darüber, Arbeit und
Maschinen zu beschäftigen, hat sehr viel miteinander zu
tun – und mit den Preisen für diese beiden Produktionsfaktoren.

Also, was entscheidet darüber, ob ein Unternehmen mehr
Arbeiter oder mehr Kapital beschäftigt? Zunächst einmal
die Produktivität: Man setzt von dem Faktor mehr ein, der
produktiver ist – wer also mehr Einheiten pro Stunde produziert, ist produktiver und wird von den Arbeitgebern
eher beschäftigt.

Aber wir müssen diese Idee ein wenig verfeinern: Entscheidend ist nicht die Produktivität der beiden Produktionsfaktoren, sondern ihre Produktivität je Euro – wir müssen
also bei unserem Produktivitätskalkül die unterschiedlichen Kosten für Arbeit und Kapital berücksichtigen.
Klar: Wenn die Maschine pro Stunde fünf Stücke anfertigt,
der Arbeiter aber nur drei Stücke, dann ist noch nicht ent-

schieden, ob man die Maschine nimmt – entscheidend ist der Preis der Arbeit und der Maschine, also das, was uns das produzierte Stück kostet. Dabei gilt: Je teurer ein Produktionsfaktor ist, umso produktiver muss er sein, damit er den Preis für seinen Einsatz rechtfertigt. Wir ziehen also den Arbeiter der Maschine vor, obwohl er zwei Stücke pro Stunde weniger anfertigt, und zwar deswegen, weil er deutlich billiger ist als die Maschine.

Jetzt können wir verstehen, wie Unternehmen zwischen Arbeit und Kapital wählen: Sie balancieren die Produktivität und die Preise beider Produktionsfaktoren gegeneinander aus. Je produktiver und je günstiger beispielsweise Arbeit ist, umso mehr favorisieren Unternehmen Arbeiter statt Maschinen. Dabei wenden sie ein sogenanntes Marginalkalkül an: Sie wählen die Kombination von Arbeit und Maschinen, bei welcher der zuletzt eingesetzte Euro den gleichen Ertrag bringt, unabhängig davon, ob man ihn in eine Maschine oder in einen Arbeiter investiert.

Wenn beispielsweise der letzte Arbeiter, den man einstellt, einen Euro kostet und fünf Werkstücke zusätzlich abliefert, so sollte eine zusätzliche Maschine, die einen Euro kostet, genauso viele Werkstücke abliefern können. Bringt die Maschine je Euro, den sie kostet, mehr als der Arbeiter je Euro, den er kostet, so wird der Unternehmer den letzten Euro, den er zu investieren hat, lieber in eine Maschine investieren. Das ist das sogenannte Marginalkalkül.

Allerdings verändert sich die Produktivität sowohl der Arbeiter als auch der Maschinen mit den eingesetzten Mengen: Je mehr Arbeiter man einstellt, umso geringer wird deren Produktivität, und je weniger Maschinen man beschäftigt, umso größer wird deren Produktivität. Warum ist klar: Beschäftige ich nur einen Arbeiter mit zehn Maschinen, so ist dieser Arbeiter gut ausgelastet und sehr produktiv; stehen aber zehn Arbeiter um eine Maschine herum, so sind diese insgesamt eher unproduktiv – und bei den Maschinen verhält es sich genau andersherum. Das ist das sogenannte Gesetz der sinkenden Grenzerträge – je mehr ich von einem Produktionsfaktor beschäftige, umso geringer wird dessen Produktivität.

Wir haben also vier Zahnräder, deren Zusammenspiel den Einsatz von Arbeit und Kapital bestimmt: Die Produktivität von Arbeit und Kapital sowie deren Kosten, die Löhne und die Zinsen. Nehmen wir nun an, wir stellen im Sinne der Sozialpolitiker und Gewerkschaftler mehr Arbeiter ein. Dann sinkt aufgrund des Gesetzes der sinkenden Grenzerträge die Produktivität der Arbeit – und Maschinen werden dementsprechend attraktiver für den Unternehmer. Will man den Unternehmer dennoch dazu veranlassen, mehr Arbeiter zu beschäftigen, so kommt man nicht umhin, dieser gesunkenen Produktivität durch entsprechend niedrige Löhne Rechnung zu tragen – sinkt der Lohn, dann steigt die Produktivität der Arbeit je eingesetztem Euro, was sie wieder attraktiver für den Unternehmer macht. Man kann sich drehen und wenden, wie man will – diese betriebswirtschaftliche Mechanik ist blind für soziale Argumente und politische Appelle. Ignoriert man diesen Zusammenhang, so bekommt man defizitäre Unternehmen, die entlassen müssen statt einzustellen.

Wer also Maschinen durch Menschen ersetzen will, muss entweder die Produktivität der Arbeit erhöhen – was bei unqualifizierter Arbeit, wo die größten Arbeitsmarktprobleme sind, schwer sein wird – oder aber die Kosten für die Arbeit ihrer Produktivität anpassen. An dieser Zahnradmechanik kommen weder Gewerkschaftler noch Sozialpolitiker vorbei.

Produktivität und soziales Engagement sind nur dann miteinander vereinbar, wenn man erst produktiv ist und anschließend die Früchte dieser Arbeit verteilt – andersherum wird kein Arbeitsmarktschuh daraus.

Wann immer man in den Bücherregalen des Buchhandels stöbert, findet man eines jener Wirtschafts-Armageddon-Halligalli-Sachbücher, das uns davor warnt, dass uns die Arbeit ausgeht. Da wird dann unter Verweis auf Statistiken, Arbeitslosigkeit und die selbstzerstörerische Tendenz der kapitalistischen Wirtschaftsordnung orakelt, und alle diese Überlegungen münden in einem Katastrophenszenario: Eines Tages wird uns die Arbeit ausgehen. Da kommt einem schon beim Lesen des Klappentextes das ökonomische Gruseln, oder? Dem Ökonomen vielleicht weniger, denn was könnte es für einen Ökonomen Besseres geben als eine Welt, in der uns die Arbeit ausgegangen ist?

Um diese merkwürdige Ansicht zu verstehen, muss man sich überlegen, wie denn eine Welt aussieht, in der uns die Arbeit ausgegangen ist. Dazu müssen wir uns zuerst fragen, warum wir arbeiten. Zumeist lautet die Antwort darauf: „Weil ich damit meinen Lebensunterhalt verdienen will". Das greift ein wenig zu kurz, denn die entscheidende Frage ist, warum uns jemand für unsere Arbeit bezahlt. Ganz einfach: Weil wir mit unserer Arbeit einen Beitrag dazu leisten, jemandem seine Bedürfnisse zu erfüllen. Das ist der tiefere Grund, warum wir arbeiten und warum jemand willens ist, uns für unsere Arbeit zu bezahlen: Wir arbeiten, um durch Einsatz knapper Mittel unsere nahezu unbeschränkten Bedürfnisse zu erfüllen. Wir werden bezahlt, weil unsere Arbeit hilft, das kalte Regime der Knappheit in die Schranken zu verweisen. Arbeit ist kein Selbstzweck, sondern Mittel zum Zweck – ein Mittel, um Knappheit zu reduzieren.

Wenn man Arbeit so betrachtet, ist auch klar, was eine Welt bedeutet, in der uns die Arbeit ausgegangen ist: Alle unsere Wünsche und Bedürfnisse sind erfüllt, so dass niemand mehr arbeiten muss – in der christlichen Literatur nennt man einen solchen Zustand Paradies. Im Paradies fliegen uns gebratene Tauben oder Hähnchen in den Mund (für Vegetarier gibt es vermutlich Tofu-Rollen), wir brauchen keine Kleidung mehr, keine Unterkunft, es fließt Milch und Honig, kurzum: Wir sind aller Bedürfnisse entledigt. In einem solchen Zustand muss niemand mehr arbeiten, weil es keine Wünsche mehr gibt, an deren Erfüllung man mittels Arbeit mitwirken muss. Warum sollte man vor so einer Welt Angst haben?

Nun wird oftmals der Einwand gemacht, dass eine Wirtschaft aber zur Sättigung tendieren könne – bestimmte Produkte werden nicht mehr nachgefragt, mehr als drei Fernseher braucht kein Mensch. Dieses Argument ist zu kurz gesprungen: Wenn die Menschen keine Fernseher mehr kaufen, dann kaufen sie andere Dinge – solange es mehr Bedürfnisse gibt als Mittel, diese zu befriedigen, kann eine Wirtschaft nicht gesättigt sein, so lange gibt es immer Arbeit. Und wenn nicht – siehe die Ausführungen zum Paradies.

Nun bleibt aber das Argument, dass die Arbeitslosigkeit in
den vergangenen Jahren zugelegt hat – ist das nicht ein
Indiz, dass uns irgendwie die Arbeit ausgeht? Wenn man so
will, ja – allerdings mit einer wichtigen Einschränkung: Es
ist die bezahlbare Arbeit, die uns ausgeht, und sie geht uns
genau dann aus, wenn die Kosten für diese Arbeit –
wodurch auch immer – so in die Höhe getrieben werden,
dass sie teurer wird als unsere Wertschätzung für die Wünsche, die diese Arbeit erfüllen kann.

Wie sehr wir Arbeit benötigen, zeigt der Weg, den sich die
Arbeit sucht: Sie entflieht dem Staatsregime der hohen
Steuern und Belastungen auf Arbeit und sucht sich ihre
Nische in der Schwarzarbeit. Gerade die Existenz von
Schwarzarbeit zeigt, dass uns die Arbeit nicht ausgeht, son-
dern dass sie an vielen Stellen nicht mehr bezahlbar ist.
Dass dies so ist, liegt zumeist an der Überfracht an staat-
lichen Abgaben und Regulierungen, die aus Arbeit unbe-
zahlbare Arbeit machen.

Auch das Argument, dass all unsere Arbeit bald in China erledigt wird, kann so nicht stimmen: Warum bieten uns die
Chinesen ihre Güter an? Doch nur, weil sie im Gegenzug
deutsche Waren dafür haben wollen, und für die werden wir
arbeiten müssen. Der Einwand, dass die Chinesen ja nicht
Waren, sondern Geld von uns wollen, springt dabei zu kurz:
Geld ist nichts weiter als buntes, bedrucktes Papier, es
bekommt seinen Wert erst dadurch, dass man es in dem Land,
aus dem es kommt, gegen Waren eintauschen kann.

Wenn wir also Angst haben, dass uns die Arbeit ausgeht, so müssen wir genauer nachfragen, warum dies der Fall sein könnte. Am Charakter der Arbeit liegt es nicht: Arbeit ist ein Versuch, Knappheit durch Anstrengungen zu überwinden, und solange wir unter dem kalten Stern der Knappheit leben, gibt es Arbeit. Leider.

Es gibt sie zuhauf, diese verstörenden Befunde aus dem
Reich der Statistik: Börsenkurse sind abhängig vom Wetter, von den Mondphasen, von den Gezeiten oder von dem
Ausgang von Sportereignissen. Und sie legen uns merkwürdige Investmentstrategien nahe: Investieren Sie, wenn
Sonneneruptionen auftreten, kaufen Sie, wenn es schönes
Wetter gibt, verkaufen Sie, wenn Neumond ist – soll man
darauf seine Altersvorsorge aufbauen?

Um diese Frage zu beantworten, muss man wissen, wie solche Ergebnisse entstehen. Zumeist behilft man sich dabei
statistischer Verfahren, mit deren Hilfe man einen
Zusammenhang zwischen zwei Variablen feststellt. Im einfachsten Fall wirft man zwei Datenreihen – die Vollmondphasen und die Börsenkurse – in einen Topf und schaut
nach, ob sich die beiden in irgendeiner Weise im Gleichklang bewegen. Wenn die Kurse während der Vollmondphase steigen und bei Neumond sinken, liegt die Vermutung nahe, dass hier das eine mit dem anderen etwas zu tun
hat. Dann wird die sogenannte Signifikanz dieses Ergebnisses bestimmt. Vereinfacht gesagt fragt man, mit welcher
Wahrscheinlichkeit dieses Ergebnis zufällig eingetreten ist.
Liegt dieser Wert – je nach Studie und Gusto – unter fünf
oder einem Prozent, vermutet man, dass dieser Effekt nicht
zufällig entstanden ist, und hat damit einen statistischen
Beweis für den untersuchten Zusammenhang.

Das klingt gut, hat aber in der Praxis ein kleines Problem: Nehmen wir einmal an, wir testen 20 verschiedene Investmentzusammenhänge – Börsenkurse und Mondphasen, Börsenkurse und Gezeiten, Börsenkurse und Apfelsinenernte und so weiter. Reicht uns ein Signifikanzniveau von 5 Prozent, so bedeutet das, dass in 5 Prozent aller Fälle ein Ergebnis zufällig zustande kommt – bei unseren 20 Hypothesen wäre das zumindest ein Fall, in dem ein Ergebnis zufällig ist, der Zusammenhang also gar nicht existiert – aber in den Zahlen abzulesen ist.

Das kann man sich in etwa so vorstellen: Lassen wir 100 Affen auf einer Schreibmaschine spielen, so ist es möglich, dass einer von ihnen einen sinnvollen Satz eintippt – das würde uns nicht auf die Idee bringen, dass hier ein Nachwuchsschriftsteller heranreift. Nun stellen Sie sich statt des Affen den Gott des Zufalls vor, der geistesabwesend auf der Börsentastatur herumspielt – das sollten wir nicht als Investmentratschlag interpretieren.

Jetzt ist also klar, was wir machen können, um einen Zusammenhang zwischen Mondphasen, Gezeiten, Sternzeichen, Sonnenflecken und Börsenkursen herzustellen: Wir testen so lange verschiedene Hypothesen, bis eine davon einen systematischen Zusammenhang zeigt. Dieser ist zwar zufällig entstanden, aber unser Signifikanzniveau, das wir berechnen, sagt uns doch, dass dies nur zu 5 Prozent ein zufälliger Zusammenhang ist – also muss es doch im Umkehrschluss zu 95 Prozent ein tatsächlicher Zusammenhang sein, oder? In der Fachsprache nennt man diese Strategie dann „Data Mining" – man sucht also so lange in den Daten, bis man etwas Passendes findet, was sich gut als Geschichte vermarkten lässt.

In Wahrheit ist dieser Zusammenhang dadurch entstanden, dass wir hinreichend lange nach so einem Zusammenhang gesucht haben, also mit der statistischen Schrotflinte geschossen haben – wenigstens ein Korn muss da ja treffen. Jetzt häkelt man um diesen Zusammenhang eine nette Geschichte, beispielsweise warum es logisch ist, dass der Tabellenstand des FC Bayern München ein Prognoseindikator für den Aktienmarkt ist – und schwups kann man eine interessante Börsengeschichte erzählen, die von den Daten untermauert wird. Fatalerweise wird das durch den Umstand unterstützt, dass unser Gehirn süchtig ist nach Mustern – wir wollen Muster sehen und verweigern uns dem Gedanken, dass rings um uns herum das Chaos des Zufalls wütet, das ab und an auch regelmäßige Muster ausspuckt.

Nun, möglicherweise gibt es skurrile Zusammenhänge zwischen Börsenkursen und exotischen Einflussfaktoren. Doch kann man damit Geld verdienen? Zum einen steht dieser Hoffnung die Frage der Transaktionskosten entgegen: Ist der Effekt stark genug, damit man mit geringen Mitteln und ohne großes Hin und Her gewinnreich investieren kann? In den meisten Fällen eher nicht – das hängt mit dem zweiten Problem solcher Börsenideen zusammen:

Gibt es einen stabilen, renditeträchtigen Zusammenhang zwischen den Börsenkursen und anderen Ereignissen, so muss man befürchten, dass langfristig der Markt diesen Zusammenhang erkennt und ausbeutet – woraufhin er verschwinden wird.

Falls Sie also in Besitz eines kleinen Investmentgeheimnisses sind, sollten Sie es unbedingt für sich bewahren.

Der deutsche Physiker Werner Heisenberg ist der Namens-
geber der sogenannten Heisenbergschen Unschärferelation.
Selbige Relation besagt, dass zwei Messgrößen eines Teilchens nicht immer gleichzeitig genau bestimmbar sind.
Das bekannteste Beispiel für ein Paar solcher Messgrößen
sind Ort und Impuls eines Teilchens: Man kann entweder
den Impuls eines Teilchens bestimmen oder aber seinen
Aufenthaltsort – aber nie beides zusammen. Das liegt
daran, dass der Beobachter in dem Moment, in dem er das
Teilchen beobachtet, dessen Impuls oder Ort verändert; die
Beobachtung des Teilchens selbst verzerrt also das Ergebnis
der Messung.

Möglicherweise gibt es eine solche Unschärferelation auch
in ökonomischen Angelegenheiten: Sobald man eine ökonomische Variable beobachtet, verfälscht man das Ergebnis.
Ein einfaches Beispiel dafür könnten die Bestsellerlisten für
Bücher sein. Diese Bestsellerlisten sollen ermitteln, welche
Bücher die Leser am meisten mögen. Dazu werden die Verkaufszahlen der jeweiligen Bücher ermittelt und miteinander verglichen, das Buch mit den meisten Verkäufen steht
auf Platz eins und ist das beliebteste Buch.

Doch möglicherweise verfälscht man durch die Beobachtung der Verkaufszahlen das Ergebnis ein wenig, nämlich
dann, wenn die Veröffentlichung der Verkaufszahlen einen

Einfluss auf die Verkaufszahlen hat. Das kann rasch geschehen: Der Bestseller erfreut sich größerer Aufmerksamkeit durch Medien und Publikum, er wird vom Buchhandel in die vorderen Regale gestellt, und der Platz in den Ranglisten suggeriert den potentiellen Lesern, dass es sich um ein tolles Buch handeln muss: Wenn alle es lesen, dann muss es doch gut sein, oder?

Das Ergebnis ist eine ökonomische Unschärferelation: Die Bestsellerlisten führen dazu, dass die Bücher, die sich auf ihnen wiederfinden, sich noch besser verkaufen, während andere Bücher, die vielleicht auch das Zeug zum Bestseller hätten, es nicht auf die Listen schaffen, weil sich dort die anderen Bücher tummeln. Indem man also versucht zu ermitteln, welches das beliebteste Buch ist, nimmt man Einfluss darauf, welches Buch das beliebteste wird – einfach durch die Veröffentlichung der Verkaufszahlen, also durch die Beobachtung. Das ist heisenbergisch.

Ein anderes Beispiel für eine ökonomische Unschärferelation ist der Aktienmarkt. Hier versucht man, die Befindlichkeit des Aktienmarktes zu messen, beispielsweise durch Aktienmarktindizes. Steigt der Index, geht es den Aktienmärkten gut, fällt er, geht es ihnen schlecht. Auch hier könnte die Unschärferelation zuschlagen: Viele Marktteilnehmer beobachten die Aktienmarktindizes, und wenn diese fallen, erwarten sie Schlimmeres und verkaufen ihre Aktien – womit sie den Abwärtstrend noch vergrößern. Die Beobachtung des Aktienmarktes kann dazu führen, dass

sich das Verhalten der Marktteilnehmer an den Beobach-
tungswerten orientiert, was wiederum diese Beobachtungs-
werte verändert. Skurril: Wir wollen die Befindlichkeit des
Aktienmarktes messen, und indem wir dies tun, ändern wir
seine Befindlichkeit.

Solche Mechanismen finden sich in vielen anderen Bereichen des (ökonomischen) Lebens, das Muster ist stets das
Gleiche: Man beobachtet etwas, und diese Beobachtung
führt zu einer Veränderung des Verhaltens und damit
wiederum zu einer Veränderung des beobachteten Wertes.
Genau diese Rückkopplungen sind es, die Ökonomen und
professionellen Prognoseschmieden die Vorhersage ökonomischer Ereignisse und Daten erschweren, denn niemand
kann all diese Zusammenhänge und Rückkopplungen nur
annähernd überschauen. So einfach Ökonomie bisweilen
ist, so kompliziert wird sie, wenn man näher hinschaut – da
geht es uns Ökonomen nicht besser als den Physikern.

DIE GROSSE POLITIK

Kennen Sie das? Sie sehen eine der viel zu zahlreichen Talkshows im Fernsehen, in der sich wichtige Politiker als gepflegte Freundlichkeiten getarnte Unflätigkeiten an den Kopf werfen. Irgendwie wirken alle Argumente überzeugend. Wer hat denn recht? In den meisten Diskussionsrunden, Wahlkampftiraden und Politikerreden geht es nicht darum, Wissen zu vermitteln, sondern Schlachten zu gewinnen – und die gewinnt man nicht mit wohltemperiertem Diskurs, sondern mit rhetorischen Mitteln, die hart an der Grenze zur verbalen Körperverletzung vorbeischrammen. Und als mehr oder weniger ökonomischer Laie, der nicht alle Politikbereiche jeden Tag in den Medien verfolgen kann, ist man den Rhetorikinjurien der Politiker ungeschützt ausgeliefert.

Aber das muss nicht sein: Lassen Sie uns die bescheidenen Bordmittel des ökonomischen Sachverstandes nutzen, um uns vor den Folgen rhetorischer und intellektueller Körperverletzung zu schützen, indem wir überlegen, wie es sich denn verhält mit dem Ruf nach mehr Bildung, der Unterschichtendebatte, der moralischen Verantwortung der Unternehmer, der richtigen Entlohnung und und und. Kampf allen Politikern, deren Motto ist: Wenn Sie glauben, Sie haben mich verstanden, habe ich mich nicht undeutlich genug ausgedrückt.

Wie reich sind die neuen Superreichen?

Seien wir ehrlich: Wir neiden den Superreichen dieser Welt ihr Dasein. Yachten, Villen, Bedienstete – wer würde nicht gerne so leben? Kein Wunder also, dass die gemessen an der Gesamtbevölkerung wenigen Reichen und Superreichen sich unserer medialen Aufmerksamkeit sicher sein können, allerdings einer eher kritischen Aufmerksamkeit. Da liest man beispielsweise in einem Magazin über die neue Kaste der Superreichen in Amerika: „13 Milliardäre gab es 1982 in den USA, inzwischen sind es 371; das Durchschnittsvermögen der reichsten Amerikaner ist der Forbes-400-Liste zufolge in dieser Zeit von 1,4 Milliarden Dollar auf knapp 3 Milliarden Dollar gestiegen. Weltweit wächst die Zahl der Superreichen seit Jahren nahezu ungebremst."

Hm, klingt in der Tat bedrohlich-unfair – werden es immer mehr Milliardäre, denen wir ihr Leben neiden müssen? Auf den ersten Blick ist dies in der Tat so: Waren es 1982 nur 13 Milliardäre, so sind es nun 371 – wenn das kein ungebremster Anstieg ist? Nun gut, zwar sind die 371 Milliardäre bei einem 300-Millionen-Volk nur 0,001 Prozent der Bevölkerung, aber sind es nicht jedes Jahr mehr geworden? Steigt die Zahl der Milliardäre innerhalb von 26 Jahren von 13 auf 371, so macht das in etwa ein jährliches Milliardärswachstum von etwas mehr als 13 Prozent – klingt recht beachtlich.

Das Ganze wird weniger sensationell, wenn man einen wichtigen Faktor mit in diese Berechnung einbezieht: Eine Milliarde ist heutzutage auch nicht mehr das, was sie mal war, und erst recht nicht das, was sie mal vor 26 Jahren war. Der Grund für diese milliardärsunfreundliche Tatsache ist die hässliche Fratze der Inflation: Die Milliarde, die man vor 26 Jahren erwirtschaftet hat, hat heute eine deutlich geringere Kaufkraft.

Mit einem kleinen Blick in die Statistiken kann man das sogar ausrechnen. Die Gutachten des Sachverständigenrates weisen Amerikas Inflationsdaten für die vergangenen 26 Jahre aus, und da findet sich Folgendes: Der Verbraucherpreisindex für die Vereinigten Staaten für das Jahr 1980 belief sich auf 47,5, für das Jahr 2004 war der Index 109,7. Wer also beispielsweise 1980 eine Taxifahrt für 47 Dollar unternommen hat, müsste dem Taximann im Jahr 2004 für die gleiche Distanz 109 Dollar in die Hand drücken.

Das bringt uns zu unserem Milliardär: Hätte er sich also 1982 mit seiner Milliarde in der Brieftasche in ein Taxi gesetzt, so hätte er sich, sagen wir einmal, damit viermal durch den gesamten Kontinent chauffieren lassen. Heute würde der Taxifahrer für die gleiche Summe schon nach zwei Kontinentumrundungen an die Mütze tippen und eine zweite Milliarde für die nächsten zwei Runden verlangen. „Inflationsbereinigung" nennen Experten eine solche Berechnung, mit deren Hilfe man den Schleier der Inflation beiseite reißt, der viele Berechnungen, die sich um Geldgrößen drehen, verzerrt. Mit Hilfe dieser Bereinigung macht man aus sogenannten Nominalgrößen – der Milliarde – Realgrößen, also die Kaufkraft der Milliarde; das sogenannte Realvermögen der reichen Milliardäre ist die Anzahl der Taxifahrten, die diese mit ihrem Geld unternehmen können.

Mit anderen Worten: Die Preise des Jahres 1982 sind in den vergangenen 26 Jahren um den Faktor 2,3 gestiegen. Oder andersherum betrachtet: Wer heute eine Milliarde im Nähkästchen verstaut hat, ist real, in Kaufkraft gerechnet, nur rund halb so reich wie jemand, der noch vor 26 Jahren eine bescheidene Milliarde beiseitegelegt hat. Damit erklärt sich zumindest ein Teil des Anstiegs der Milliardärszahlen in Amerika: Aufgrund der Inflation ist es heutzutage viel einfacher als vor 26 Jahren, Milliardär zu werden, denn die Milliarde ist heute nur noch halb so viel wert.

Recht plastisch wird dieses Argument, wenn man an die deutsche Hyperinflation des Jahres 1926 denkt: Damals war jeder Deutsche mindestens Millionär. Die Verdoppelung des Durchschnittsvermögens im Magazin-Artikel liest sich unter Berücksichtigung der Inflation wie eine reale Stagnation – nach Inflation gerechnet hat sich das Durchschnittsvermögen der reichen Amerikaner nicht verändert. Und die Zahl der Milliardäre muss durch die Inflation fast zwangsläufig steigen.

Hässlich an dieser Geschichte ist dabei, dass die Inflation nicht nur die Milliardäre real betrachtet ärmer macht, sondern auch den Otto-Normal-Nicht-Miliardär. Für ihn kommt es sogar noch schlimmer: Während der Milliardär sich durch den Kauf von Vermögenswerten der zerstörerischen Kraft der Geldentwertung zumindest ein wenig entziehen kann, bleibt dem Geringverdiener kaum etwas anderes übrig, als der Schwindsucht seines Geldes das Händchen zu halten.

Diese kleine Rechenübung macht zwei Dinge klar: Erstens ist die Kraft der Inflation zerstörerischer, als wir es vermuten, und zweitens, zweitens können selbst Milliardäre sich nicht den fatalen Folgen der Inflation entziehen.

Regelmäßig tobt sie, die Armutsdiskussion in Deutschland. Sind die Deutschen ein Volk, das nur aus Millionären und Armen besteht? Zahlen und Papier sind geduldig, weswegen sich mit ein wenig Geschick fast jede These rechtfertigen lässt, auch das wohlbekannte „Die Reichen werden immer reicher, die Armen werden immer ärmer"-Mantra, das jeder Publizist, Gutmensch, Stammtischdemokrat und Politiker gerne vor sich herschiebt – zur Not auch, ohne die Zahlen dazu gesehen zu haben.

Also, sind die Deutschen arm? Schwer zu sagen, denn Armut ist eine Definitionsfrage. Die gängigen Armutsdefinitionen in der bundesrepublikanischen Armutsdiskussion stellen zumeist auf das Durchschnittseinkommen ab: Als arm gilt, wer weniger als die Hälfte des Durchschnittseinkommens verdient. Das klingt nach einer griffigen Definition, doch diese hat leider ihre Tücken, wie ein einfaches Beispiel zeigt.

Stellen wir uns eine Wirtschaft vor, in der drei Personen leben: Tick, Trick und Track. Tick verdient einen Euro, Trick verdient zwei Euro, Track verdient drei Euro. Das Durchschnittseinkommen der drei Bürzelträger beträgt damit zwei Euro, nämlich eins plus zwei plus drei, dividiert durch drei Enten. Tick muss damit als arm gelten, denn sein Einkommen – ein Euro – ist nur 50 Prozent des Durchschnittseinkommens von zwei Euro.

Doch Tick hat Glück: Er schreibt ein Buch über Armut in
Deutschland und verdient über die Tantiemen 16 Euro pro
Jahr. Unser Durchschnittseinkommen beträgt jetzt 2 plus
3 plus 16 Euro, dividiert durch drei Enten macht das ein
Durchschnittseinkommen von sieben Euro (21 dividiert
durch 3). Ups: Nachdem unser zuvor armer Tick zum Reichen geworden ist, haben wir nach der gängigen Armutsdefinition nicht weniger, sondern mehr Arme – denn jetzt
sind Trick und Track arm, ihr Einkommen ist mit zwei
respektive drei Euro weniger als 50 Prozent des Durchschnittseinkommens von sieben Euro. Obwohl unsere
Volkswirtschaft insgesamt reicher geworden ist und sich
für die anderen Mitglieder unserer Volkswirtschaft nichts
geändert hat, haben wir jetzt mehr Armut.

Noch merkwürdiger wird diese Armutsdefinition, wenn
wir in unserer Mini-Volkswirtschaft nun den armen Tick
wieder auf sein Ausgangseinkommen zurückfallen lassen:
Dann sinkt die Armut, weil ein Reicher ärmer geworden
ist. Das ist schräg, oder?

Nun ist das ein extremes Beispiel, aber es macht eines deutlich: Definieren wir Armut relativ zum Durchschnittseinkommen, so werden wir immer Armut in Deutschland
haben, und je mehr das Gesamteinkommen steigt, ohne
dass das eigene Einkommen steigt, umso schneller ist man
von Armut bedroht. Das wird klar, wenn wir noch einmal
auf die Ausgangssituation schauen: Tick verdient einen
Euro, Trick zwei Euro, Track drei Euro; Tick ist nach der

gängigen Definition arm. Jetzt passiert ein Wunder: Onkel Dagobert wird spendabel und stockt das Einkommen der drei Racker um das Zehnfache auf. Tick verdient nun zehn Euro, Trick zwanzig Euro, Track dreißig Euro. Wie Sie sehen, ist Tick jetzt immer noch arm, obwohl sich sein Einkommen verzehnfacht hat.

Nun soll das nicht heißen, dass es in Deutschland keine Armut gibt, doch es zeigt, wie problematisch der Armutsbegriff ist: Nach afrikanischen Maßstäben gerechnet sind selbst unsere Armen wohlhabend, was erklärt, warum manche Menschen trotz all der Strapazen und Gefahren den Weg in den leuchtenden Westen (oder für sie Norden) suchen. Der Armutsbegriff, der in den westlichen Industrienationen gepflegt wird, ist, wie unsere einfachen Rechnungen gezeigt haben, kein Armutsmaß, sondern ein Verteilungsmaß. Er zeigt, wie groß der Abstand zwischen den Einkommen ist – und ist extrem anfällig für geringe statistische Manipulationen. Deswegen wundert es den Fachmann nicht, dass er in einschlägigen Publikationen locker vier verschiedene Armutsquoten findet, die um fast zehn Prozentpunkte auseinanderliegen – und statistisch betrachtet alle korrekt sind.

Und es kommt noch dicker, nämlich dann, wenn wir auf den Zeitaspekt abstellen: Wie wollen wir den Studenten einordnen, der sein Studium mit wenigen Euros fristet, um danach eine Stelle als hochbezahlter Unternehmensberater anzutreten? Seine Armut im Studium ist eine Investition in

ein späteres höheres Einkommen – ist der Kerl also arm,
oder verzögert er nur seinen Reichtum?

Und weiter: Was, wenn dieser Student zwar seinen eigenen Haushalt hat, aber noch von zu Hause gesponsert wird? Was ist mit den Beziehern von Niedrigeinkommen, die im Familienverbund aufgefangen werden? Sind die arm? Vielleicht müssen wir statt auf die Pro-Kopf-Armut auf die Pro-Familienverbund-Armut abstellen.

Noch komplizierter wird die Diskussion, wenn man zwischen Vermögen und Einkommen unterscheidet – darüber lassen sich dann ganze Bücherregale voll schreiben. Und am allerschlimmsten wird es, wenn man über die Politikoptionen streitet, mittels derer man die wie auch immer gemessene Armut lindern will – böse Zungen behaupten, dass die Umverteilungspolitik in der Bundesrepublik nur eine Umverteilung von der unorganisierten Mittelschicht zur organisierten Mittelschicht ist. Vielleicht sollten wir einmal darüber diskutieren.

Sonntag. Sonntag bedeutet, dass irgendwo in dieser Republik Reden gehalten werden, die der Erbauung eines sonntäglich gestimmten Publikums dienen sollen. Und sicher wird in einer dieser Sonntagsreden gefordert, dass der Staat mehr für die Bildung tun, also vor allem die Universitäten unterstützen müsse. Das Publikum nickt wissend-zustimmend, das Phrasenschweinchen rülpst zufrieden. Nun ist diese Forderung sicherlich berechtigt, auch aus ökonomischer Sicht, doch bei all diesen sonntäglichen Phrasenschwein-Fütterungen drängt sich eine Frage auf: Warum sind Bildungspolitiker so fixiert auf Universitäten?

Zunächst muss man ökonomisch konstatieren, dass ein Universitätsabschluss eine Investition ist, an der vor allem derjenige Interesse hat, der diesen Abschluss erringt. Ein Universitätsabschluss berechtigt zu der Hoffnung auf ein höheres Gehalt – das sollte einem das Studium wert sein, oder? Warum also muss der Staat mich mit einem kostenlosen und subventionierten Studium dazu verleiten? Das Studium trägt seinen Wert für den Studenten in sich. Das Argument, dass man nach dem Studium ja keine Garantie auf einen gutbezahlten Arbeitsplatz hat, trägt in diesem Zusammenhang nicht, da es für jede Ausbildungsentscheidung gilt. Auch der Tischler, der seine Ausbildung selbst finanziert, weiß nicht, ob er später einen Job bekommt.

Doch nicht nur das. Was die Forderung nach subventionierten Universitäten noch schlimmer macht, ist die Forderung nach Chancengleichheit, die man auf diesem Weg zu erreichen glaubt: Ein kostenloses Studium, so das phrasenschweinfüllende Sonntagsredenpostulat, ermögliche auch Arbeiterkindern das Studium und sei somit eine verteilungspolitische Wohltat – mit so etwas brüstet man sich als Politiker gerne. Und wie so oft ist das Gegenteil von gut – auch hier – gut gemeint.

Das Problem an den kostenlosen Unis besteht darin, dass die Selektion zwischen Arm und Reich bereits viel früher erfolgt – im Kindergarten und in der Grundschule. Bis zum Abitur sind die Weichen längst gestellt, weswegen es nicht verwunderlich ist, dass in der Bundesrepublik keine 20 Prozent der Studenten Arbeiterkinder sind – trotz kostenlosen Studiums. Vielleicht auch wegen des kostenlosen Studiums: Würde man die Mittel von den Universitäten abziehen und für Früherziehung, Sprach- und Förderkurse bei den Kleinsten und Jüngsten investieren, so würde man wesentlich mehr für die Chancengleichheit tun, als wenn man Arztsöhnen und Rechtsanwaltstöchtern ein kostenloses Studium spendiert – auch wenn das Sonntagsredenpublikum aufgrund seiner eigenen sozialen Herkunft vermutlich Letzteres eher goutiert.

Armut ist erblich, und die Weichen für dieses Erbe werden nicht erst gestellt, wenn man mit 18, 19 Jahren den Gang an die Uni erwägt, sondern wenn man mit Benjamin-

Blümchen-Ranzen und Zuckertüte bewaffnet in den Kindergarten oder zur Grundschule hüpft.

Wer als Bildungspolitiker Chancengleichheit fordert, sollte nicht von universitärer Hochtechnologie, sondern vom kleinen Einmaleins sonntagsreden. Hier ist das Schlachtfeld gegen die zukünftige Armut. Nicht die Mittelschicht-Abiturienten brauchen staatliche Hilfe, sondern die Kinder in einkommensschwachen Familien, die schon im Kindergarten hinter ihre Altersgenossen zurückfallen, weil sie das Pech hatten, in einer weniger begüterten Familie aufzuwachsen. Komisch, warum werden diese Kinder nicht gesonntagsredet?

Auch aus Effizienzgründen übrigens wäre es lukrativer, nicht ein Studium, sondern eine Ausbildung zu unterstützen. Der Wirtschaftswissenschaftler Helmut Wienert hat ausgerechnet, dass eine Lehre gegenüber einer Karriere als Ungelernter bis zu 50 Prozent mehr Rendite bringt. Wer, statt sofort zu arbeiten, drei Jahre in eine Lehre investiert, stellt sich in der Summe um rund 50 Prozent besser. Will heißen: Eine Ausbildung bringt langfristig mehr als der rasanteste Internet-Aktien-Fonds.

Der Grund dafür ist recht einfach: Eine kurze, günstige Ausbildungszeit reicht danach für ein langes Arbeitsleben – eine Lehre ist renditetechnisch gesehen eine unschlagbare Investition. Ein Studium hingegen kommt je nach Berechnung auf eine zusätzliche Rendite von 9 bis 12 Prozent.

Wer studiert, kann sein Einkommen gegenüber einem
Facharbeiter um 9 bis 12 Prozent steigern. Wer also effizient sein will und verteilungspolitisches Bewusstsein hat, muss statt der Studenten Ungelernte fördern – ein Sprung vom ungelernten Arbeiter zum ausgebildeten Menschen ist eine unschlagbare Investition und ist auch verteilungspolitisch eine gute Sache.

Und für die Sonntagsreden finden sich sicherlich andere nette Dinge, mit denen man seinem Publikum den Tag des Herrn besinnlich gestalten und dem Phrasenferkelchen eine Diät ersparen kann.

Subventionen
Müssen wir uns nach allem bücken, was auf der Straße liegt?

Haben Sie Lust auf eine Kostprobe Ökonomen-Humor? Also ein Ökonomen-Witz: Zwei Ökonomen gehen die Straße entlang. Auf einmal sehen sie mitten auf der Straße eine Münze liegen. Als sich der eine Ökonom danach bücken will, hält ihn der andere davon ab und sagt: „Lass das, wenn es sich lohnen würde, hätte es schon längst jemand getan."

Gut, ein Kalauer, aber einer, der einen wahren Kern enthält – das jedenfalls geht dem ausgebildeten Ökonomen durch den Kopf, wenn er beispielsweise durch eine Fußgängerzone schlendert, in der Geschäfte zu vermieten sind. „Einmalige Gelegenheit", heißt es dort auf den Schildern, mit denen der Makler wirbt – wer wollte da nicht in einer überfüllten, wuseligen Fußgängerzone einen Laden anmieten und sein Glück versuchen?

Vermutlich keiner, der an den Ökonomen-Witz denkt: Wenn diese Gelegenheit so einmalig ist, warum hat sie noch niemand ergriffen? Das ist wie bei der Münze auf der Straße: Warum hat sie noch niemand aufgehoben? Das kann doch nur bedeuten, dass sie wertlos ist. Mit diesem Lackmus-Test lassen sich viele einmalige Gelegenheiten rasch als Zitronen entzaubern: Wenn es so lohnend ist, warum hat nicht bereits ein anderer diese Gelegenheit wahrgenommen? Wenn die Münze so wertvoll ist, warum bückt sich der Makler, der das Geschäft vermieten will, nicht selbst?

Natürlich gibt es da ein wichtiges Gegenargument: Könnte es nicht so sein, dass man der Glückliche ist, der diese
Gelegenheit zuerst erkennt? Im Falle der Münze würde das
bedeuten, dass man der Erste ist, der zufällig an dieser
Münze vorbeikommt und sie registriert – dann muss man
sich natürlich bücken.

Für viele der „einmaligen" Gelegenheiten hingegen dürfte das
nicht wahrscheinlich sein. Einmalige Gelegenheiten haben
keine Reklame, denn Reklame ist ein sicherer Hinweis darauf, dass schon jemand auf diese Idee gekommen ist. Ein
Angebot, das mit vielen großen Schildern angepriesen wird,
ist auch vielen anderen bekannt – oder sind alle anderen Menschen zu dumm, diese Chance zu erkennen?

Mit dieser Denkweise lassen sich viele wirtschaftliche Fehlentscheidungen frühzeitig erkennen. Fragt man sich als
potentieller Unternehmer beispielsweise, warum es keine Sar-
dinenmarmelade gibt, so gibt es eine Antwort darauf, die
einen davon abhalten sollte, diese Marmelade anzupreisen:
Weil die Nachfrage für dieser Art von Naschwerk zu gering
ist – sonst hätte sie bereits jemand auf den Markt gebracht.
Nach diesem Lackmus-Test sollte man Abstand davon nehmen, ein Geschäft in der Fußgängerzone zu eröffnen.

Mit diesen Gedanken im Hinterkopf muss man sich über
einige Angebote wundern, und zwar jede Form von staatlich subventioniertem Angebot: Wenn der Staat hier nicht
einspringen würde, so lautet eine Argumentation der Sub-

ventionsverfechter, würde es dieses Angebot nicht geben. Das wird wohl richtig sein, und das macht die Sache ja so schlimm: Wenn sich niemand nach der Münze bückt, weil sie es nicht wert ist – warum muss es dann der Staat tun?

Viele der Begründungen für solche Subventionen laufen dabei in die Leere: Subventionen, um Arbeitsplätze zu sichern? Kann langfristig nicht funktionieren, denn irgendwann geht dem Staat das Geld aus, mit der er Leute bezahlt, die etwas herstellen, was zu diesem Preis niemand will. Statt Menschen mit einem Schein dafür zu bezahlen, dass sie sich nach einer Münze bücken, wäre es besser, ihnen eine rentablere Ausbildung zu finanzieren.

Ein kulturell wichtiges Angebot? Sehr bedenklich, wieso maßt sich der Staat denn an, darüber zu entscheiden, was kulturell wertvoll ist? Die Konsumenten jedenfalls haben abgestimmt und das Angebot für zu leicht befunden; nach der verqueren Logik der Befürworter von Subventionen für Kultur wird all das kulturell wertvoll, was zu wenig Menschen nachfragen, was sich also nicht rechnet.

Erfolgreiche Kultur – Volksmusik, Hip-Hop oder Konsalik-Romane – braucht keine staatliche Kulturförderung. Musik oder Literatur hingegen, die nicht genügend nachgefragt wird, wird staatlich gefördert mit dem Argument, dass ohne diese Förderung diese Kultur nicht stattfinden würde. Bei aller Liebe zum Wahren, Guten und Schönen sollte man sich diesen Umstand wenigstens einmal vor

Augen halten, bevor man in die Oper geht – vielleicht
muss der Staat sich ja nicht nach allem bücken, was so auf
der Straße liegt.

Wer in der Nähe eines großen Flusses wohnt, weiß, was ein Polder ist: Ein Polder ist eine Art Rückstaubecken für den Fall, dass es den anwohnenden Fluss zu sehr gelüstet, sein angestammtes Bett zu verlassen – ein Polder soll helfen, Überschwemmungskatastrophen zu lindern. Also ist ein Polder eine sinnvolle Veranstaltung, sollte man meinen. Doch es gibt Menschen, die das nicht so sehen, nämlich die Menschen, die in der Nähe der Gebiete wohnen, in denen ein Polder gebaut werden soll. Sie befürchten, dass ihre Felder oder Grundstücke im Notfall geflutet werden und wehren sich oft heftig gegen die Errichtung eines Polders. Das Merkwürdige an dieser Sache ist, dass sich nur die Polder-Gegner zu Wort melden – die anderen Menschen flussabwärts, die von dem Polder profitieren, bleiben stumm.

Für Ökonomen ist dieser Befund ein Klassiker, er zeigt anschaulich, welche Probleme ein demokratischer Sozialstaat hat, wenn es darum geht, notwendige, aber unangenehme Maßnahmen einzuführen – der Begriff „rent-seeking" erklärt, wie und warum Politik manchmal vielen schadet, um wenigen zu helfen.

Nehmen wir einmal an, unsere Polder seien Subventionskürzungen oder Lockerungen von Importrestriktionen. Der Vorteil solcher auf den ersten Blick unangenehmen Maßnahmen liegt auf der Hand: Geringere Subventionen

bedeuten weniger Staatsausgaben, bedeuten weniger Steuern oder mehr Staatsgelder für andere Maßnahmen, und
geringere Importrestriktionen bedeuten billigere Produkte
für die inländischen Konsumenten.

Unser Subventions-Importlockerungspolder wäre also für
viele Menschen eine sinnvolle Sache, aber er ist natürlich
unerfreulich für die unmittelbaren Anwohner: Wer möchte
schon als Subventionsempfänger den staatlichen Alimentie-
rungshahn zugedreht bekommen? Und welcher Hersteller
möchte es schon gerne mit ausländischer Konkurrenz zu
tun bekommen? Und es kommt, was kommen muss:
Demonstrationen, Protestmärsche und kollektives Fahnen-
schwenken der potentiellen Subventionskürzungsopfer im
Regierungsviertel. Das Ganze nennt sich dann eben „rent-
seeking", man versucht sich auf Kosten der Allgemeinheit
von der Politik eine Art Rente zu erschleichen. Die von den
Kürzungen profitierende Mehrheit bleibt leider zu Hause
bei diesen Demonstrationen. Will heißen: Flussabwärts
regt sich kein Befürworter des Polders.

Warum das so ist, ist rasch erklärt: Die direkte Kürzung
der Subvention oder des Importschutzes löst sofortige,
spürbare Schmerzen und damit die entsprechenden
Schmerzensschreie bei den Betroffenen aus; so wie der Polder vor der Haustür die Bewohner an die feuchte Lage ihres
Gartens und ihrer Felder erinnert. Die segensreichen Folgen einer solchen Maßnahme hingegen sind bei den Profi-
teuren nicht direkt spürbar, und vor allem werden sie sel-

ten unmittelbar dieser Maßnahme zugeordnet. Oder haben Sie schon einmal einen Minister gehört, der vor die Mikrofone trat und verkündete, dass die Mehrwertsteuer nicht angehoben werden müsse, weil man die Kohleabbausubventionen gekürzt habe? Und wenn wir billige T-Shirts kaufen, erinnern wir uns dann an die zähen Handelsrunden, begleitet von den Protesten vieler Globalisierungsgegner, die sich offenbar auch teure T-Shirts leisten können?

Doch es ist nicht nur diese Asymmetrie in der unmittelbaren Betroffenheit, die zu den einseitigen Protesten führt, es ist auch die Asymmetrie in der Organisierbarkeit der Interessen: Während alle Anwohner des Polders sich rasch untereinander verständigt haben, da sie alle vom Polder bedroht sind und sich als Nachbarn ohnehin kennen, werden die flussabwärts wohnenden Polder-Profiteure wesentlich mehr Mühen haben, sich zu organisieren – wie bringen wir denn den Rhein-Anwohner in Koblenz mit dem Rhein-Nachbarn in Köln zusammen? Das gleiche Prinzip gilt auch für die Subventionsempfänger: Eine einzelne Branche lässt sich gut organisieren, aber wie bringt man denn den Steuerkürzungsprofiteur aus München mit dem Subventionskürzungsbefürworter aus Hamburg zusammen?

Unser Polder-Problem zeigt, dass Politiker falschen Anreizen ausgesetzt sind: Kürzen sie Subventionen, so bekommen sie öffentliche Prügel von den Subventionsbeziehern, oft noch unter Beifall derjenigen, die nicht wissen, dass sie diese Subventionen letztlich bezahlen. Führen Politiker hingegen neue Unterstützungen ein, so freuen sich Lobbys und Verbände, und es regt sich kaum Widerstand bei der schlecht organisierbaren Masse der Steuerzahler.

Da wundert es nicht, dass unsere Staatsfinanzen längst unter Wasser sind – es werden einfach zu wenig Polder gebaut.

Warum schauen wir immer nur nach rechts und links?

Spätestens sobald wir in der Lage sind, unsere Umwelt jenseits des elterlichen Haushaltes zu erkunden, lernen wir zwischen rechts und links zu unterscheiden – rechts ist das, was zuerst fahren darf, bevor links fährt, links und rechts ist das, wo wir hinschauen, bevor wir die Straße überqueren, und rechts und links gehen die Straßen, die uns vom Kindergarten wieder nach Hause bringen.

In der Politik haben rechts und links eine andere Bedeutung, sie trennen hier Gut von Böse, wobei die Frage danach, was gut und böse ist, eine Frage der Perspektive ist. Die rechte Seite der Politik steht für Konservativismus, althergebrachte Werte, Wirtschaftsfreundlichkeit, die linke Seite steht für soziales Gewissen, Fortschritt, Gleichheit, den Kampf gegen etablierte Mächte. Das ist es zumindest, wie sich die Vertreter der jeweiligen Richtungen sehen; beschreiben sie ihre Gegenseite, liest sich das folgendermaßen: Rechts steht für Festhalten an verkrusteten Strukturen, mangelnde Solidarität, Leistungsdruck und soziale Blindheit, links steht für Wirtschaftschaos, Gleichmacherei und Freiheitsberaubung.

Wer sich die Parteiprogramme, oder noch besser, die tatsächliche Politik der rechten und linken Parteien anschaut, wird verblüfft sein, wie gering die Unterschiede zwischen den beiden Polen tatsächlich sind – da schwört sich die

linke Regierung auf Leistungskürzungen ein, während die
rechte Opposition mehr soziale Gerechtigkeit verlangt, da
betreibt die rechte Regierung Umverteilungspolitik vom
linksfeinsten.

Was also soll der ganze Zirkus um rechts und links? Möglicherweise steckt ein ökonomisches Kalkül hinter der
Klassifizierung nach rechts und links. Um diese Idee zu
verstehen, muss man sich in die Schuhe eines Wählers stellen. Ein Wähler hat zwei Probleme: Zunächst bräuchte er
eigentlich Tage, wenn nicht sogar Wochen, um die Parteiprogramme aller Parteien zu lesen, zu verstehen und in
ihren Folgen für sich und die Bevölkerung zu beurteilen.
Doch diesem ganzen Aufwand steht ein recht dürrer Ertrag
gegenüber: Die eigene Wahlstimme hat unter den vielen
Millionen anderer Wahlstimmen ein geringes Gewicht.
Das ist unterm Strich deprimierend: Da schlägt man sich
Tage um die Ohren, um sich eine fundierte, wohlausgewo-
gene Meinung über alle Parteien zu bilden und seine Stimme so qualifiziert wie möglich abzugeben, doch der Ertrag
ist kläglich – die eigene Stimme geht im Konzert der
Gesamtwähler unter.

Ökonomisch gesehen lohnt sich der Aufwand für die politische Meinungsbildung also nicht – was nun? Das ist der
Punkt, an dem unser Rechts-links-Denken ins Spiel
kommt. Sobald sich eine Partei ein eindeutiges Image –
solidarisch oder freiheitsliebend, wirtschaftsfreundlich oder
sozialistisch – gibt, suggeriert sie dem potentiellen Wähler,

dass er das Lesen der Parteiprogramme einstellen kann. Statt also tagelang Programme zu studieren, reduziert sich die Wahlentscheidung auf das einfache Rechts-links-Schema, in der Hoffnung, dass Rechts oder Links im Gesamtpaket genau das machen, was man will. In der Sprache der Ökonomen sagt man, dass Ideologien – also Rechts oder Links – die Transaktionskosten einer rationalen Wahlentscheidung ersetzen.

Statt sich aufwendig eine politische Meinung zu bilden, ordnet man sich dem ideologischen Lager zu, von dem man glaubt, dass es den eigenen politischen Wünschen am meisten Rechnung trägt. Wie brüchig allerdings das Versprechen solcher Ideologien ist, zeigen die stetigen Flügelkämpfe innerhalb der Parteiblöcke – sie dokumentieren, dass die Ideologie offenbar nicht hinreichend diffus ist, um leicht differierenden Meinungen eine gemeinsame Heimat zu bieten.

Das ist nämlich die große Funktionsbedingung einer Ideologie: Sie muss für eine hinreichende Abgrenzung zum anderen politischen Lager sorgen – das wird als identitätsstiftend empfunden –, zugleich aber muss sie hinreichend unpräzise sein, um eine möglichst große Gefolgschaft um sich zu scharen. Und sobald aus der unpräzisen Ideologie Tagespolitik wird, zeigt sich die Brüchigkeit des Versprechens, mit der Folge von Flügelkämpfen, bis hin zur möglichen Abspaltung Unzufriedener, die ihrerseits wieder eine neue Ideologie schnitzen.

Das Fatale an diesem Spiel ist die strikte Rationalität des
Wählerverhaltens, die dazu führt, dass wir den Wert politischer Meinungsbildung unterschätzen. Dabei gibt es nichts Unbefriedigenderes, als sich zum Sklaven inhaltsleerer Ideologien zu machen. Je eher wir anfangen, selbst zu denken, umso besser.

Produktivitätsorientierte Entlohnung
Sollen wir Menschen nach ihrer Größe bezahlen?

Über kaum etwas wird in der Wirtschaft erbitterter gestritten als über Löhne – woran soll man die richtige Lohnhöhe festmachen? Wissenschaftlich betrachtet gibt es darauf viele teils komplizierte, teils einfache Antworten, die daran kranken, dass sie allesamt umstritten sind.

Vielleicht hilft es ja weiter, sich zu überlegen, wonach man den Lohn nicht bemessen sollte? Wie wäre es mit einem einfachen Gedankenexperiment: Nehmen wir an, der Staat verfügt ab sofort, dass die Höhe der Löhne sich nach der Größe der Arbeitnehmer zu bestimmen habe – je größer der Angestellte, umso höher der Lohn. Keine Frage, vermutlich wären beide Seiten des Tarifpartnertisches damit unzufrieden – wenn auch aus unterschiedlichen Gründen. Was wird passieren?

Im Arbeitgeberlager bricht sofort eine scharfe Diskussion aus, dass man die Menschen nicht nach ihrer Größe bezahlen könne, sondern nur nach ihrem Beitrag zum Gewinn – wer einen großen Beitrag zum Gewinn leiste, könne auch entsprechend entlohnt werden. Allerdings würden vermutlich noch während der ersten Protestpressekonferenz der Arbeitgeber zum Thema Größenlohn die ersten Unternehmen diskret auf Rekrutierungstournee bei den lokalen Liliputaner- und Kleinwüchsigen-Clubs gehen und ihre Personalchefs durch Zollstöcke ersetzen.

Klingt nicht wirklich gesund – vor allem für die Basket-
ball-Bundesliga.

Auch die Arbeitnehmer würden Sturm laufen: Wie könne
es denn sein, dass Arbeitnehmer nach ihrer Größe bezahlt
werden, für die sie nichts könnten? Klingt vernünftig, das
Argument.

Also nach was sollte man dann die Arbeitnehmer bezahlen?
Das Einzige, wofür sie zumindest zu einem gewissen Grad
etwas können, ist ihre Leistung – womit wir recht nahe bei
den Vorstellungen der Arbeitgeber wären: Wir bezahlen
die Menschen nach ihrer Leistung, also nach ihrem Beitrag
zum Unternehmenserfolg. Und das nennen Talkshow-
Gäste und Experten „produktivitätsorientierte Entlohnung".

Das ist allerdings der Punkt, an dem die Gewerkschaften
widersprechen: Muss der Lohn eines Menschen nicht so
bemessen sein, dass er davon leben kann? Diese Forderung
widerspricht der Idee, dass man Menschen nicht nach
einem Kriterium bezahlen sollte, für das sie nichts können:
Wer kann schon etwas dafür, dass er eine so geringe
Erwerbskraft hat, dass sein Lohn nicht zum Überleben
reicht? Wer Löhne nach den Bedürfnissen der Arbeitnehmer ausrichten will, bezahlt sie also für etwas, wofür sie
eigentlich nichts können – da könnten wir sie also genauso
gut nach ihrer Größe bezahlen.

Diese Überlegungen werfen ein grelles Licht auf sozial motivierte Forderungen, die Lohnhöhe an der Bedürftigkeit ihrer Empfänger auszurichten: Abgesehen davon, dass es sich wenig mit den Vorstellungen der Unternehmer und den Anforderungen an eine rentable Produktion verträgt, ist es auch eine nicht ganz faire Veranstaltung: Wer mehr Lohn bekommt, weil er eine geringere Leistungskraft hat, ist wie einer der Angestellten, die in unserer Größenlohn-Welt dafür besser bezahlt werden, dass sie größer sind als ihre Kollegen. Im Umkehrschluss bestrafen wir damit alle kleineren Arbeiter, also alle Arbeitnehmer, die nur nach ihrer Leistung entlohnt werden.

Noch schlimmer wird es, wenn wir Menschen für eine mangelnde Leistungsfähigkeit bezahlen, für die sie etwas können, weil sie – sagen wir einmal – nur „Verständnis für ihre Arbeit" zeigen, wie Personalchefs es formulieren, wenn sie meinen, dass ein Kandidat faul ist. Das wäre so, als würden wir in unserer größenabhängigen Lohnwelt höhere Löhne an die Träger hochhackiger Schuhe zahlen – das finden höchstens Orthopäden gut.

Wichtig bei dieser Argumentation ist Eines: Es geht nicht darum, Menschen, die für ihr geringes Einkommen nichts können, nicht zu unterstützen – die Frage ist, wie wir sie am besten unterstützen. Offenbar ist unsere Größenlohnidee, also sozialpolitisch motivierte Löhne, nicht der richtige Weg. Wer unverschuldeterweise nur eine geringe Erwerbskraft hat, soll natürlich von der Solidargemeinschaft unterstützt werden – aber warum denn über den Lohn? Wenn wir die Groß- oder Kleinwüchsigen unter uns – warum auch immer – unterstützen wollten, würden wir das ja auch nicht über deren Gehalt machen, sondern über Steuermittel und Transfers, oder?

Wenn wir also den Großen oder Kleinen unter uns zu Hilfe kommen wollen, dann sollten wir das erstens direkt ohne Umwege machen und zweitens sollten wir alle uns als Steuerzahler daran beteiligen und nicht nur diejenigen, die zufällig ein Unternehmen führen. Solidarität zeigt ihre wahre Größe erst dann, wenn sie von allen geübt wird.

Thomas Alpha Edison gilt als einer der genialsten Erfinder, und das vermutlich zu Recht: Ihm wird beispielsweise die Erfindung des Phonographen, also des Plattenspielers, zugeschrieben. Allerdings hatte Edison nicht viel Freude daran: Nachdem er erfolglos versucht hatte, den Phonographen als Diktiergerät für den Bürogebrauch zu vermarkten, wurde die Produktion dieser Diktiermaschine im Jahr 1879 wieder eingestellt. Edison hatte zwar erkannt, dass seine Erfindung auch dazu geeignet wäre, Musik aufzunehmen und abzuspielen, doch es war ihm zuwider, dass sie als eine Art Amüsierspielzeug herhalten sollte. Heute wissen wir, dass die Geschichte Edison Lügen gestraft hat – wie konnte ein so großer Geist eine so fatale Fehleinschätzung begehen?

Beispiele dieser Art gibt es zuhauf, in jüngster Zeit beispielsweise der Erfolg der über Mobiltelefon verschickten Kurznachrichten, der SMS. Keiner der findigen und profitorientierten Mobilfunkkonzerne hat diese Anwendungsmöglichkeit des Mobiltelefons vorhergesehen – die sind buchstäblich vom eigenen Erfolg bei einem Nickerchen überrascht worden.

Diese Geschichten verraten viel über die Funktionsweise von Marktwirtschaften: Obwohl niemand diese Erfolge vorausgesehen oder bewusst geplant hat, sind die Menschen

trotzdem mit dem Plattenspieler und der SMS beglückt
worden – einfach deswegen, weil die entsprechende Nachfrage da war. Und auf die Wünsche der Konsumenten hin haben sich Unternehmer gefunden, die diese Wünsche bedient haben, und diese Unternehmer sind vom Markt entsprechend belohnt worden. Selbst dort, wo die Konsumenten gar nicht wussten, dass sie diese Wünsche entwickeln könnten, sind einige Erfinder und Unternehmer für ihren Mut und ihre Kreativität belohnt worden – den Nachahmern entgeht diese Innovationsprämie.

Was man in diesem Prozess allerdings nicht sieht, sind die vielen unglücklichen Unternehmer, die mit ihren Ideen und Erfindungen gescheitert sind, weil die Konsumenten diese Produkte nicht wollten. Das ist die dunkle Seite der marktwirtschaftlichen Innovationsdynamik: Das Scheitern gehört dazu.

Mit dieser Funktionsweise und den Erfahrungen des unglücklichen Edison im Hinterkopf müssen uns Bedenken kommen, was die staatliche Innovationsförderung angeht: Wenn sich ein genialer Edison, der mit seinen eigenen Erfindungen und seinem eigenen Geld in den Innovations-Ring gestiegen ist, so geirrt hat, wie soll dann eine staatliche Organisation, die sich nicht um Gewinne und Verluste scheren muss, ahnen, welche Erfindungen und Innovationen erfolgreich sein werden und deswegen gefördert werden müssen? Wie wollen Bürokraten und Zukunftsforscher wissen, welche Produkte in Zukunft erfolgreich und begehrt sein werden? Wie sollen zwischen Förderanträgen, Aktenordnern, Ablehnungshierarchien und Förderverordnungen Kreativität, Unternehmergeist und Ideen gedeihen und sich durchsetzen?

Jede Forschungsförderung, die sich abseits der Grundlagenforschung auf spezielle Produkte, Verfahren oder Anwendungen konzentriert, ist eine Anmaßung von Zukunftswissen, das selbst genialen Erfindern verwehrt ist. Was diese Förderungen noch problematischer macht, ist die Tatsache, dass der Staat als Forschungsförderer sich nicht wie andere Erfinder der dunklen Seite des Innovationswettbewerbs stellen muss. Wenn die geförderte Forschung schiefgeht, muss niemand im Ministerium finanzielle Federn lassen, das zahlt der Steuerzahler. Insofern sollten wir jeder administrativen Bestrebung, Erfindungen zu generieren, mit einer gesunden Portion Skepsis begegnen.

Und je mehr der Staat die gesamte Forschung an sich zieht, umso schlimmer wird es: Dann wird nur noch in eine Richtung geforscht, all die anderen verschlungenen Pfade, über die Innovationen die Menschheit erreichen, bleiben ungenutzt – mit der Folge, dass uns viele Errungenschaften des menschlichen Geistes verwehrt bleiben werden.

Dabei können wir vom armen Edison lernen: Als er das Kinetoskop erfand, bei dem man durch ein kleines Fenster einen Film anschauen konnte, stellte er Münzautomaten auf – das war seine Konsequenz aus der Tatsache, dass sein Phonograph erst durchschlagenden Erfolg hatte, als man ihn mit Platten bestückt als Musikbox in der Öffentlichkeit aufstellte. Deswegen widersetzte sich Edison dem Wunsch vieler Kinetoskop-Betreiber, den Film auf einer Leinwand zu zeigen – er glaubte, dass er ein besseres Geschäft machen könnte, wenn er viele einzelne Guckkästen aufstellen würde. Und so hat der geniale Erfinder auch das Kino verpasst.

Anreize
Warum ist der Sündenbericht des Bundesrechnungshofes
so dick?

Es gibt sie zuhauf, die Menschen, denen Geldausgeben
Spaß macht. Und warum auch nicht? Es ist ja etwas Ange-
nehmes, Geld auszugeben. Dabei gibt es allerdings verschiedene Stufen des Geldausgebegenusses – es kommt
nämlich darauf an, welches Geld Sie ausgeben und für wen.
Also wollen wir das einmal ein wenig systematisieren.
Zunächst einmal gibt es zwei Sorten Geld, die man ausgeben kann: das eigene Geld und das Geld anderer Leute.
Und dann kann man dieses Geld für zwei verschiedene
Zwecke ausgeben: für sich selbst oder für andere Leute.
Kombiniert man diese beiden Möglichkeiten, so erhält man
vier Arten des Geldausgebens: das eigene Geld für sich
selbst ausgeben, das eigene Geld für andere Menschen aus-
geben, anderer Leute Geld für sich ausgeben und anderer
Leute Geld für andere Leute ausgeben. Diese Möglichkeiten
muss man sich einmal näher anschauen.

Möglichkeit Nummer eins – das eigene Geld für sich ausgeben – ist unbedenklich. Sie werden darauf achten, dieses
Geld so gut wie möglich anzulegen, schließlich ist es Ihr
Geld, das Sie für sich ausgeben. Und selbst, wenn man hier
etwas nachlässig ist, so ist das nicht weiter schlimm: Letztlich muss nur derjenige, der das Geld verdient hat, unter
den Folgen des eigenen Schlendrians leiden – das mag zwar
ärgerlich sein, ist aber ansonsten unbedenklich.

Etwas anders ist das bei Möglichkeit Nummer zwei, näm-
lich das eigene Geld für andere Leute ausgeben: Hier könn- te man vermuten, dass man im Umgang mit den Mitteln schon etwas laxer umgeht, schließlich hat man persönlich ja nichts davon. Die Beobachtung, dass Menschen oft Obdachlosen Geld verweigern mit dem Hinweis, dass diese es ja eh nur in billigen Fusel umsetzen, deutet aber darauf hin, dass sie auch hier noch genauer hinschauen, wenn es um die Verwendung des Geldes geht – schließlich ist es ihr sauer verdientes Einkommen, das da ausgegeben wird. Also will man ein wenig Kontrolle darüber haben, was mit dem selbst erarbeiteten Geld passiert.

Was ist mit Möglichkeit Nummer drei – anderer Leute Geld für sich selbst ausgeben? Vermutlich wird man auch hier darauf achten, dass dieses Geld zweckmäßig ausgege- ben wird, schließlich profitiert man selbst davon am meis- ten. Aber man kann nicht verhehlen, dass sich hier ein wenig Schlendrian einschleicht, schließlich musste man die Scheine nicht selbst verdienen und kann damit etwas frei- zügiger umgehen. Anderer Leute Geld verbuchen wir men- tal ganz anders als das Geld, das wir selbst verdient haben.

Ganz freizügig wird es bei Variante Nummer vier, das Geld anderer Leute für andere Leute ausgeben: Wo soll denn hier der Anreiz zu einer sparsamen Mittelverwendung sein? Man hat das Geld selbst nicht verdient und man hat selbst nichts davon – warum sich also darum kümmern? Fall Nummer vier ist also aus Effizienzgesichtspunkten das

Schlimmste, was uns passieren kann. Und vor allem auch das Ärgerlichste: Nachlässigkeit im Umgang mit den anvertrauten Mitteln trifft hier zunächst diejenigen, die das Geld verdient haben – sie müssen zusehen, wie andere Menschen mit ihrem sauer verdienten Einkommen Schlitten fahren. Noch schlechter trifft es dann diejenigen, denen das Geld zugutekommen soll: Sie leiden darunter, dass das Geld, das ihnen helfen soll, achtlos vertändelt wird.

Nun könnte man ja vermuten, dass dieser Fall nicht so häufig vorkommt, aber das ist ein Irrtum. Jeden Tag geben Menschen Millionen von Euros aus, die ihnen nicht gehören, und zwar für andere Menschen. Und das Ganze nennt sich dann – Politik. Jeden Tag entscheiden Politiker über die Verwendung von Steuergeldern – das Geld anderer Leute, das sie für andere Leute ausgeben. Und wer jetzt an die Anreize bei dieser Konstellation denkt, wundert sich nicht, dass der Bundesrechnungshof jedes Jahr einen dicken Wälzer herausgibt, in dem bizarre Ausgabengeschichten aus dem Verwaltungsdschungel ausgebreitet werden, wo Brücken im Nichts enden und teuer angeschaffte Gerätschaften in irgendwelchen Lagern verschimmeln. In einer kleinen rheinhessischen Gemeinde beispielsweise gab die Stadt allein eine Million Euro für ein neues Fahrradhäuschen am Bahnhof aus – eine recht üppige Veranstaltung.

Und das Schlimmste an diesen Geschichten ist, dass auch das letzte Korrektiv fehlt: Würde man diejenigen, die dieses Geld verschwendet haben, persönlich zur Rechenschaft ziehen, so hätte man das Geld anderer Leute bis zu einem gewissen Grad zu ihrem eigenen gemacht, was die Wirtschaftlichkeit des Ausgabengebarens enorm erhöhen würde, wie wir wissen.

Solange das nicht der Fall ist, werden auch weiterhin jeden Tag viele Menschen anderer Leute Geld verschwenden – unser Geld.

Es gibt Dinge, die nicht zur Kernkompetenz eines Ökonomen gehören, beispielsweise der Kauf eines Staubsaugers. Verloren zwischen all den teuren, saugstarken Modellen verfällt er auf eine einfache Methode, sich den saubersten aller Staubfänger zu sichern: Man schaut nach der Leistung des Teppichmähers – derjenige, der die höchste Watt-Zahl auf dem Preisschild hat, muss der leistungsstärkste sein, oder?

Leider ist diese Methode falsch, wie ein Vergleich zeigt: Stellen Sie sich vor, Sie wollen einen Wagen kaufen, mit dem man so richtig die Autobahn aufmischen kann – eine echte PS-Schleuder. Doch der Verkäufer im Autohaus hat leider die Verkaufsprospekte verlegt und kann Ihnen peinlicherweise keine Angaben über die PS-Zahl der ausgestellten Straßenbomber geben. Nun wissen Sie, dass ein PS-starkes Vehikel in der Regel ein echter Spritfresser ist – also finden Sie einen Ausweg: Sie kaufen den Wagen mit dem höchsten Verbrauch, mit der Vermutung, dass dieses Geschoss wegen des hohen Verbrauchs extrem leistungsstark ist. Leider stellen Sie zu Hause fest, dass Sie statt des Autobahn-Ferrari eine Heizöl-Dschunke erworben haben, die deswegen so viel Sprit verbraucht, weil sie so stromlinienförmig ist wie eine Jugendstilvilla mit Wintergarten und so schwer wie ein Brontosaurier.

Natürlich würde Ihnen beim Wagenkauf dieser Irrtum
nicht unterkommen, weil man zur Beurteilung der Leistungsstärke nicht auf den Spritverbrauch, sondern auf die PS-Zahl achtet – sie ist der wesentlich bessere Indikator für die Leistungsstärke eines Autos. Bei unserem Staubsauger funktioniert dieses Kalkül nicht, denn es gibt keine offiziellen Saugleistungszahlen. Die Watt-Zahl jedenfalls, die auf den Staubsaugern angegeben ist, gibt den Verbrauch des Staubsaugers an, nicht seine Saugkraft. Angeblich gibt es sogar Modelle, in welche die Produzenten einen Widerstand einbauen, damit der Sauger mehr verbraucht und dadurch höhere Leistungsfähigkeit suggeriert – obwohl sie einfach nur mehr Strom verbrauchen.

Leider unterläuft uns dieser Verbrauchs-Leistungs-Irrtum häufiger, als wir denken, beispielsweise bei der Bewertung staatlicher Leistungen. Immer, wenn uns Politiker stolz verkünden, dass die Ausgaben für Bildung, Sicherheit oder sonstige staatliche Wohltaten gestiegen sind, betätigen sie sich im Grunde genommen als staatliche Staubsaugerverkäufer und foppen uns mit Verbrauchsangaben, wo wir gerne Leistungsdaten gehört hätten. Das Problem bei vielen staatlichen Leistungen besteht nämlich darin, dass diese nicht mit Marktpreisen bewertet werden, sondern lediglich mit den Kosten ihrer Erbringung. Werden beispielsweise die Gehälter für Professoren oder Lehrer erhöht, so steigert das sofort die Ausgaben für die Bildung, ohne dass sich irgendetwas für die Studenten oder Schüler geändert hätte – der Unterricht bleibt auch nach der Gehaltserhöhung der gleiche.

Wer sich als Bildungspolitiker profilieren will, erhöht also
die Gehälter der lehrenden Staatsbediensteten – was ihm
diese gewogen macht – und feiert zugleich diese Gehaltserhöhung als Gewinn für den zu belehrenden Teil der Bevölkerung, obwohl sich für diesen Bevölkerungsteil nichts
geändert hat. Das ist das bildungspolitische Äquivalent
zum eingebauten Widerstand im Staubsauger.

Interessanter wären beispielsweise Aussagen über die
Anzahl der erbrachten Lehrstunden pro Kopf – das ist die
Leistung, die für Studenten, Schüler und Wähler relevant
ist. Allerdings hat diese Maßzahl das Problem, dass sie
nichts über die Qualität der erbrachten Lehrstunden aus-
sagt. Wer Rentner und Fahnenflüchtige im Rahmen einer
Bildungsgarantie für wenig Geld als Vertretungen einstellt
und stolz verkündet, dass man die Unterrichtsausfälle reduziert hat, hat nur auf dem Papier recht.

Wenn also ein Minister vor Journalisten tritt und prahlt,
dass die Bildungsausgaben ja gestiegen und die Fehlstun-
den gesunken seien, was ein Beleg für den guten Willen der
Regierung sei, so wissen wir nur, dass wir mehr Geld für
Bildung ausgegeben haben – aber nicht, ob auch der Bil-
dungsgrad gestiegen ist. Und diese Überlegungen gelten
für viele Posten im staatlichen Budget: Sie sind lediglich
Ausgabenposten, aber keine Leistungsnachweise. Der Fachmann nennt so etwas „input-orientierte Bewertung".
Klingt gut, und verbirgt mehr, als es erhellt.

Was zählt, ist die Frage, ob unser Teppich nach dem Sau-
gen besser aussieht – und da hilft nur genaues Hinschauen.

„Plutimikation" hat Pippi Langstrumpf die Kulturtechnik der Multiplikation genannt – man nimmt zwei Zahlen miteinander mal und erhält eine dritte, größere Zahl. Das Tückische an der Plutimikation ist, dass das Ergebnis von beiden Zahlen abhängt, die man miteinander plutimiziert, wie Pippi sagen würde. Steigt eine der beiden Zahlen, dann steigt auch das Ergebnis unserer Plutimikation. Sinkt aber zugleich die andere Zahl, kann das Ergebnis nun sinken – je nachdem, wie stark die eine Zahl fällt, während die andere steigt.

Der lieben Pippi könnte man diesen einfachen Mechanismus bestimmt erklären, doch oftmals gerät er in Vergessenheit. Glauben Sie nicht? Lassen Sie uns über Mindestlöhne nachdenken.

Die Idee ist so alt wie die arbeitende Menschheit: Wenn jemand arbeitet, soll er auch in der Lage sein, sich von seiner Hände Arbeit zu ernähren, oder? Mit diesem Argument wird immer wieder ein Mindestlohn für geringfügige Beschäftigung eingefordert: Der Mindestlohn, so die Idee, verschafft den Arbeitnehmern mehr Einkommen. Ist das so? Hier hilft kurzes Überlegen weiter.

Führt man einen Mindestlohn ein, so wird zunächst Folgendes passieren: Die Nachfrage nach Arbeit wird zurückgehen. Da beißt auch eine Gewerkschaftsmaus keinen

Faden ab: Die Nachfrage nach Arbeit ist immer von ihrem Preis abhängig – auch diese Verknüpfung ist so alt wie die arbeitgebende Menschheit. Damit haben wir ein erstes unangenehmes Ergebnis bezüglich der Wirkung von Mindestlöhnen: Nicht jeder Arbeitnehmer wird in den Genuss eines solches Lohnes kommen, einige werden aufgrund des Mindestlohnes keine Arbeit mehr finden, andere werden sie möglicherweise sogar verlieren. Ein Arbeitgeber stellt nur jemanden ein, der ihm mehr erwirtschaftet, als er kostet – liegt der Mindestlohn darüber, wird er von einer Einstellung absehen.

Nun werden allerdings zu dem höheren Mindestlohn nach wie vor Menschen beschäftigt. Haben wir nicht zumindest deren Einkommen erhöht, indem wir deren Lohn erhöht haben? Mal schauen. Dazu muss man nun mit Hilfe der Plutimikation die sogenannte Lohnsumme ausrechnen. Die Lohnsumme, das ist die Summe der Löhne aller Mindestlohnempfänger. Wir erhalten diese, indem wir die Zahl der Beschäftigten mit deren Löhnen multiplizieren, Verzeihung, plutimizieren. Die Lohnsumme hängt also ab von der Höhe des Lohnes und von der Anzahl der zu diesem Lohn beschäftigten Arbeitnehmer. Leider führen diese beiden Größen eine enge Korrespondenz, wie wir gesehen haben: Steigt der Lohn, so sinkt die Zahl der zu diesem Lohn Beschäftigten. Ein Beispiel: Waren vor dem Mindestlohn 1.000 Arbeitnehmer zu je 100 Euro beschäftigt, so ergibt das eine Lohnsumme von 100.000 Euro, die diese Arbeitnehmer insgesamt verdienen.

Steigt nun der Lohn auf das Mindestlohnniveau, beispielsweise 200 Euro, so kommt es darauf an: Sind zum neuen Mindestlohn mehr oder weniger als 500 Arbeitnehmer beschäftigt? Sind es genau 500 Arbeitnehmer, dann ist die Lohnsumme – 500 Arbeitnehmer mal 200 Euro macht 100.000
Euro – unverändert. Sind es weniger als 500 Arbeitnehmer,
die in den Genuss des Mindestlohnes kommen, so sinkt die
Lohnsumme insgesamt, und die Arbeitnehmer als Gruppe
haben durch den Mindestlohn Einkommen eingebüßt. Das
ist genau die Tücke der Multiplikation: Das Produkt der beiden Zahlen Lohn mal Arbeitnehmer hängt eben nicht nur von
der Höhe der Löhne ab, sondern auch von der Anzahl der
Arbeitnehmer, die diesen Lohn erhalten.

Sinkt die Nachfrage nach Arbeit also deutlich mehr, als der
Lohn steigt, so sinkt insgesamt die Lohnsumme. Wir haben
dann zwar höhere Löhne, aber weniger Arbeitnehmer, die
in den Genuss dieser Löhne kommen. Leider ist genau das
der Fall, da die Nachfrage nach unqualifizierter Arbeit –
und nur hier ergeben Mindestlöhne einen Sinn, weil die
Löhne hier sehr gering sind – elastisch ist, wie Ökonomen
sagen: Sie sinkt bei einem Anstieg der Löhne überproportional stark und reduziert damit die Lohnsumme.

Der Grund für diese elastische Reaktion der Arbeitgeber
auf steigende Löhne ist einfach: Gering qualifizierte Arbeit
– und um diese geht es bei der Mindestlohndiskussion –
lässt sich in der Regel leichter ins Ausland verlagern oder
durch Maschinen ersetzen.

Das ist unterm Strich ein hässliches Ergebnis: Indem wir die Mindestlöhne erhöhen, sinkt die Lohnsumme der Mindestlohnempfänger insgesamt, weil der Rückgang der Beschäftigung den Anstieg der Löhne überkompensiert. Wir haben zwar höhere Löhne, die aber auf weniger Köpfe verteilt werden. Wer zu dem neuen Mindestlohn einen Job bekommt, hat tatsächlich mehr in der Tasche – dafür stehen allerdings andere, die vorher Arbeit hatten, dann im Regen.

Damit wird der Mindestlohn zu einer Verteilungsfrage, bei der wir von der einen leeren Tasche in die andere leere Tasche umverteilen: Wir schließen einige Menschen mit geringem Einkommen von der Arbeit aus, damit andere Menschen mit einem ebenfalls geringen Einkommen ein etwas höheres Einkommen haben – in der Summe aber weniger als vorher. So leicht können die Tücken der Plutimikation auch Sozialpolitiker in die Irre führen.

Samson ist ein sehr verträglicher Hund – er ist lieb zu Kindern, hört auf sein Herrchen Marcus und ist stubenrein. Leider hat Samson eine blöde Angewohnheit: Er bellt Flugzeuge an. Wo andere Hunde sich mit Briefträgern, Radfahrern oder Vollstreckungsbeamten begnügen, muss bei Samson die ganz große Nummer her – wann immer ein Kondensstreifen am Himmel erscheint, fühlt Samson sich bemüßigt, sein Revier lautstark zu verteidigen, sehr zum Verdruss seiner Nachbarn und Besitzer. Als der in der Nähe befindliche Flughafen seine Flugrouten ausbaute und noch mehr Flieger die Dreistigkeit hatten, über Samsons Revier zu fliegen, wurde die Lärmbelästigung sowohl durch Flieger als auch durch Samson so schlimm, dass Marcus und seine Familie ein neues Heim für Samson suchen mussten.

Den Betreiber des Flughafens hat Samsons Schicksal nicht sonderlich beeindruckt: Er wirbt damit, dass mehr Flüge mehr Geschäft und mehr Beschäftigung für die Region bedeuten – weniger Samson kommt in diesem Kalkül nicht vor. Genau das ist es, was Ökonomen einen externen Effekt nennen: Das Profitkalkül des Flughafenbetreibers enthält nur die Kosten des Flughafenbetreibers, aber nicht die Kosten für Samson und sein Herrchen.

Volkswirtschaftlich betrachtet kommt der Flughafenbetreiber damit zu einem falschen Ergebnis, was den gesamt-

wirtschaftlichen Nutzen des Flughafens angeht, denn die
volkswirtschaftlichen Kosten des Flughafens sind die
Kosten des Flughafenbetreibers plus die Kosten der
Anwohner, die beispielsweise durch mehr Lärm, mehr
Abgase, weniger Samson und einen geringeren Wert ihrer
Grundstücke entstehen. In der Kalkulation des Flughafens
kommen aber die externen Kosten des Flughafenbaus, also
die Kosten der Anwohner – der Lärm, die Abgase, der
Hundeexodus – nicht vor, er kalkuliert nur seine eigenen
Kosten. Damit kann es passieren, dass ein Objekt, das sich
privatwirtschaftlich betrachtet rechnet, volkswirtschaftlich
gesehen nicht rechnet wegen der externen Kosten, die nicht
im privaten Kalkül aufschlagen.

Solche externen Effekte sind ein klarer Fall für einen staatlichen Eingriff: Der Staat muss dafür sorgen, dass die externen Kosten des Flughafens – also weniger Samson, mehr
Lärm und sinkende Häuserpreise – Eingang finden in das
Kalkül des Flughafenbetreibers. Konkret muss man fragen,
mit wie viel Geld man Marcus für den Verlust von Samson
entschädigen müsste, und diesen Betrag muss der Flughafen an Marcus zahlen – dann erst hat er die wahren gesamtwirtschaftlichen Kosten des Flughafens berücksichtigt. Das
ist – zugespitzt – der Streit zwischen dem Flughafenbetrei-
bern und den Anwohnern, wenn es um den Bau einer neuen
Landebahn geht: Die Anwohner verweisen auf ihre persönlichen Nachteile, den Lärm und die Abgase, der Flughafenbetreiber verweist auf den Nutzen für sich und potentielle
Arbeitnehmer – nur dass leider die Profiteure des Flugha-

fens nicht immer identisch sein müssen mit denjenigen, denen man die externen Kosten der Fliegerei auferlegt.

Bei dem Streit um eine Autobahn, einen Flughafen, eine Müllverbrennungsanlage oder ein Atomkraftwerk geht es also nicht nur um die gesamtwirtschaftliche Sinnhaftigkeit solcher Vorhaben, sondern auch um die Verteilung der damit verbundenen Erträge und Lasten. Leider ist es extrem schwierig, die Lastenträger solcher Projekte – in der Regel die unmittelbaren Anwohner – aus den Erträgen dieser Projekte zu entschädigen: Wie hoch soll die Summe sein, die man Samsons armen Herrchen als Entschädigung zahlen muss?

Genau diese Frage stellt sich, wenn man beispielsweise nur noch ein Grundstück kaufen muss, um die Landebahn zu bauen, und der Besitzer des Grundstücks darum weiß – da kommen rasch astronomische Quadratmeterpreise zusammen. So schwierig solche Preisverhandlungen sind, eines ist klar: Man kann die Lasten für die Anwohner nicht einfach lapidar wegwischen mit dem Verweis auf die Arbeitsplätze, die ein solches Projekt schafft – das ist lediglich der Verweis darauf, dass andere Leute von dem Opfer der Betroffenen profitieren.

Dem armen Samson helfen diese Arbeitsplätze und die Debatte um externe Effekte herzlich wenig, wenngleich er Glück gehabt hat: Er hat ein schönes neues Heim gefunden, abseits aller Flugrouten.

Jetzt haben wir hoffentlich eine Menge Badewasser ver-
schüttet und eine Menge Ideen darüber gesammelt, wie
Ökonomie funktioniert. Bliebe zum Abschluss des Buches
noch eine Frage: Warum ist uns ökonomisches Denken oft
so fremd, obwohl es doch im Kern nur gesunder Menschenverstand ist? Das mag auch damit zusammenhän-
gen, dass viele Ideen der Ökonomen äußerst unpopulär
sind.

Aus langjähriger Erfahrung als Dozent, Diskussionsredner
oder Lehrer weiß der gelernte Ökonom in der Tat, dass viele
seiner Ideen auf Ablehnung stoßen, weil sie so hartherzig
klingen: keine höheren Löhne für Arbeitnehmer, keine Über-
lebensgarantien für Tante-Emma-Läden, keine Schongehege
für Unternehmen, die dem harten Wind des Wettbewerbs
ausgesetzt sind. Sind Ökonomen wirklich so brutal? Warum
beißen sich die Meinungen und die Intuition vieler Menschen
so sehr mit den Einsichten der Ökonomen?

Der Eindruck, dass die Ideen der Ökonomen über Kreuz
liegen mit der Welt, wie sie ist, rührt wohl auch aus der Art
und Weise, wie sie ihre Ideen generieren. Wissenschaftlich
gesprochen gehen Ökonomen deduktiv vor: Sie versuchen
zuerst, allgemeingültige Gesetze und Ideen zu entwickeln,
und überprüfen anschließend, inwieweit diese in der Realität Bestand haben.

Nehmen wir den Fall Außenhandel: Außenhandel ist nichts weiter als internationale Spezialisierung – jeder tut das, was er am besten kann, und anschließend tauscht man die Früchte seiner Arbeit. Solange dieser Tausch freiwillig geschieht, ist er für beide Seiten von Vorteil, und damit ist er wohlfahrtsmaximierend. Diese einfache Idee ist in den vergangenen 200 Jahren von Ökonomen immer wieder verfeinert und empirisch überprüft worden, doch in ihrem Kern unverändert geblieben: Freihandel ist für alle Beteiligten eine gute Sache.

So weit die Theorie, aber warum können sich so viele Menschen mit dieser einfachen Idee nicht anfreunden? Vermutlich deswegen, weil sie eine andere Herangehensweise an die Realität haben: Sie verfolgen einen Denkansatz, den man induktiv nennt. Nicht die Idee, die Theorie steht hier am Anfang, sondern die Beobachtung der Realität. Man beobachtet die Realität und zieht daraus Rückschlüsse, die man als allgemein gültig erachtet. Das ist keine falsche Methode, birgt aber Gefahren.

Bleiben wir beim Außenhandel: Man sieht, wie die Dritte Welt in Armut versinkt, wie die wichtigsten Produkte eines Landes zu Spottpreisen gehandelt werden – und folgert daraus, dass Handel eine schlechte Sache ist. Dabei können einem einige Trugschlüsse unterlaufen.

Afrika beispielsweise ist ein bettelarmer Kontinent, und seine Verflechtung in den Welthandel ist extrem gering.

Viele Ökonomen sagen, dass Afrika nicht wegen Handels, sondern wegen fehlenden Handels so arm ist. So weit brauchen wir hier gar nicht zu gehen, hier reicht die Feststellung, dass die Diagnose falsch sein kann: Man macht Handel für die Armut verantwortlich, obwohl dort kaum Handel stattfindet.

In den meisten Fällen sind die Ursachen von Armut politischer Natur: Bürgerkriege und ausbeuterische Diktatoren stehen da als Armutsgründe an erster Stelle. Hier kann die induktive Denkweise also rasch in die Irre führen, indem man Zusammenhänge falsch interpretiert.

Diese unterschiedlichen Denkansätze erklären, warum sich Menschen mit vielen Ideen der Ökonomen schwer tun: Sie betrachten die Wirklichkeit und schließen aus der Wirklichkeit auf allgemeine Gesetze. Die Ökonomen suchen nach allgemeinen Gesetzen und wenden diese auf die Wirklichkeit an.

Allerdings hat auch die deduktive Methode der Ökonomen eine Schwäche: Da hier Ideen auf dem Reißbrett entworfen werden, muss man sie an die Realität anpassen, da es immer viele Nebenbedingungen gibt, die eine reine Theorie auf die Probe stellen. Um der Wirklichkeit gerecht zu werden, müssen Ökonomen ihre Grundgesetze um Nebenbedingungen ergänzen, in unserem Beispiel dergestalt: Handel ist stets gut, vorausgesetzt, es handelt sich um einen freiwilligen Tausch zwischen gleichberechtigten Partnern, die im vollen Besitz ihrer geistigen Kräfte sind, und der Tausch erfolgt nicht auf Kosten Dritter.

Damit wäre beispielsweise ein Widerspruch zwischen Ökonomen und Globalisierungsgegnern aufgelöst: Die Globalisierungsgegner werfen dem Handel vor, dass er die Umwelt zerstört und deswegen nicht wohlfahrtsfördernd ist. Die Antwort der Ökonomen darauf ist, dass hier der Handel auf Kosten Dritter – der Umwelt und ihrer Nutzer – stattfindet und deswegen in der Tat nicht wohlfahrtsfördernd ist. Allerdings ist die Antwort der Ökonomen darauf nicht, den Handel zu verbieten, sondern das Umweltproblem zu lösen.

Grundsätzlich ist Handel noch wohlfahrtsfördernd, aber in diesem speziellen Fall müssen entsprechende Rahmenbedingungen geschaffen werden. Damit sind Befürworter und Gegner des Handels also gar nicht so weit auseinander, die Ökonomen haben das Problem in zwei Teile getrennt – den grundsätzlich wohlfahrtsfördernden Handel und das Umweltproblem – und befürworten eine direkte Behandlung des eigentlichen Problems.

Ähnlich verhält es sich mit der Armutsdiskussion: Schaut man genauer hin, so sieht man, dass Handel in der Tat arm machen kann, wenn beispielsweise Industrienationen ihre subventionierten Agrargüter zu Dumpingpreisen auf den Weltmarkt werfen. Das ist kein Handel unter gleichberechtigten Partnern, und vor allem ist das kein Handel im Sinne einer Spezialisierung, wo jeder das tut, was er am besten kann. Damit hätten wir einen weiteren Spezialfall, wo die Realität offenbar nicht zu der deduktiv hergeleiteten Theorie passt. Tatsächlich aber ist es nicht der Handel, der hier das Problem verursacht, sondern die Subventionen. Wir haben also wieder das reale Problem in zwei Komponenten gespalten und dadurch auch den wahren Schuldigen – die Subventionen – identifiziert.

Auch ein letzter Knackpunkt in Sachen Globalisierung lässt sich auflösen: Ökonomen nehmen in ihrer Modellwelt an, dass bei der Aufnahme von Außenhandel die Beschäftigten in der inländischen Importbranche, die nun den rauhen Wind des internationalen Wettbewerbs spüren, ohne Schwierigkeiten in andere Branchen wechseln können. In der Realität funktioniert das natürlich nicht so problemlos, so dass die Idealwelten der Ökonomen mit den realen Verhältnissen kollidieren. Aber auch hier gilt: Deswegen schaffen wir nicht den Außenhandel ab, sondern wir gehen das Problem direkt an – man greift denjenigen Arbeitnehmer, die durch Importkonkurrenz bedroht werden, unter die Arme und hilft ihnen, langfristig in andere Beschäftigungsverhältnisse zu kommen.

Viele Missverständnisse zwischen Ökonomen und Kritikern der Zunft lassen sich auf diese Weise auflösen: Zerlegt man ein Problem sauber in seine einzelnen Bestandteile, so kommt man oft zu dem Schluss, dass man nicht das komplette Kind mit dem Bade ausschütten, sondern nur an einigen Stellen gezielt eingreifen muss.

Hier tut sich der zweite Graben zwischen Ökonomen und ihren Kritikern auf: Wenn Ökonomen also für mehr Handel oder gegen Mindestlöhne sind, dann nicht, weil sie irgendeiner Bevölkerungsgruppe etwas vorenthalten oder diese schutzlos lassen wollen, sondern weil sie eine andere Medizin empfehlen. Nicht die Frage, *ob* man Bedürftigen hilft, ist entscheidend, sondern die Frage, *wie* – und hier haben Ökonomen Rezepte, die in der Öffentlichkeit oft wenig gelitten sind.

Nehmen wir beispielsweise die Mindestlöhne: Sie sollen Bedürftigen helfen, ein Auskommen zu haben. Das ist ein Ziel, dem sich kein Ökonom verweigert, einzig beim Wie sind Ökonomen anderer Meinung. Sie glauben, dass Mindestlöhne zum einen nicht immer denjenigen zugutekommen, die sie tatsächlich brauchen, und sie glauben (und können mit zahlreichen Untersuchungen belegen), dass Mindestlöhne tendenziell die Arbeitslosigkeit erhöhen, also nicht dazu beitragen, dass Menschen ihr Auskommen haben.

Stattdessen schlagen sie vor, auf direkte Einkommensbeihilfen abzustellen – das ist zielgerichteter, erreicht jeden, auch den, der nicht arbeiten kann, und es wird von allen Steuerzahlern bezahlt statt nur von denjenigen, die zufällig jemanden zum Mindestlohn einstellen. Der Streit ist hier also nicht das Ob, sondern das Wie.

Vermutlich liegt das an der scheinbaren Einfachheit ökonomischer Prozesse, womit wir bei Punkt Nummer drei wären, warum sich eine so große Kluft zwischen den Ökonomen und ihren Kritikern auftut; Ein Punkt, der sich als anekdotische Evidenz betiteln ließe. Man sieht als Laie einen Zusammenhang – höhere Löhne bedeuten mehr Einkommen, mehr Einkommen bedeutet, dass man sein Auskommen hat –, findet diesen Zusammenhang plausibel und akzeptiert ihn. Die Risiken und Nebenwirkungen, vor denen Ökonomen warnen, finden in dieser anekdotischen Denkweise keine Berücksichtigung.

Leider ist Wirtschaft nicht so statisch: Greift man an einer Stelle falsch ein, löst das eine Kettenreaktion von Nebenwirkungen aus, welche die ursprünglichen Effekte zunichtemachen. Und dieses Weiterdenken, dieses Suchen, Wiegen und Beschreiben von Nebenwirkungen, das ist die eigentliche Ökonomie.

Nehmen wir doch beispielsweise die Idee vom Kobra-Effekt: Zu Zeiten der britischen Kolonialherrschaft in Indien, so die Geschichte des Kobra-Effektes, setzten die Engländer eine Prämie für jede gefangene Kobra aus, um einer Kobraplage Herr zu werden. Klingt einleuchtend: Gib den Leuten etwas für jede gefangene Kobra, die Zahl der Kobras sinkt und die Plage ist vorbei. Diese Idee war einfach, plausibel – und falsch. Stattdessen begannen die Inder Kobras zu züchten – und die Prämie verfehlte ihr Ziel komplett. Das sind die Nebenwirkungen, das ist das Weiterdenken, das ist Ökonomie.

Im Grunde ist Ökonomie also kein Hexenwerk, sondern gesunder Menschenverstand, gepaart mit Intuition und Erfahrung. Und wer dieses großartige Werkzeug des Verstandes anwendet, der gewinnt so geniale Einsichten wie Archimedes, der nicht nur die Zahl Pi berechnete: Er entdeckte die Hebelgesetze, er entwickelte die archimedische Schraube, mit deren Hilfe man Felder bewässern kann, erfand Seilwinden und Wurfmaschinen, mit denen seine Stadt sich gegen die Belagerung der Römer verteidigte – ein antiker Tausendsassa, der mit seinen Ideen die Welt bereicherte.

Warum soll es uns mit Hilfe der Ökonomie nicht auch gelingen, die Welt ein wenig zu bereichern? Darauf ein lautes Heureka.

Hanno Beck, Dr., Diplom-Volkswirt, war acht Jahre lang festangestellter Wirtschaftsredakteur der Frankfurter Allgemeinen Zeitung und schreibt auch heute noch regelmäßig für die F.A.Z., unter anderem für den Sonntagsökonom in der F.A.Z. und die wöchentliche Kolumne „Beck-Office". Der Bestsellerautor (u.a. „Der Alltagsökonom", „Die Logik des Irrtums", „Der Liebesökonom") ist seit 2006 Professor für Volkswirtschaftslehre und Wirtschaftspolitik an der Hochschule Pforzheim. Für die Unternehmensberatung Capitum mit Sitz in Deutschland und der Schweiz berät er große deutsche Unternehmen.